KUNST, KITSCH, KRÄMER

von

Ingo Krämer

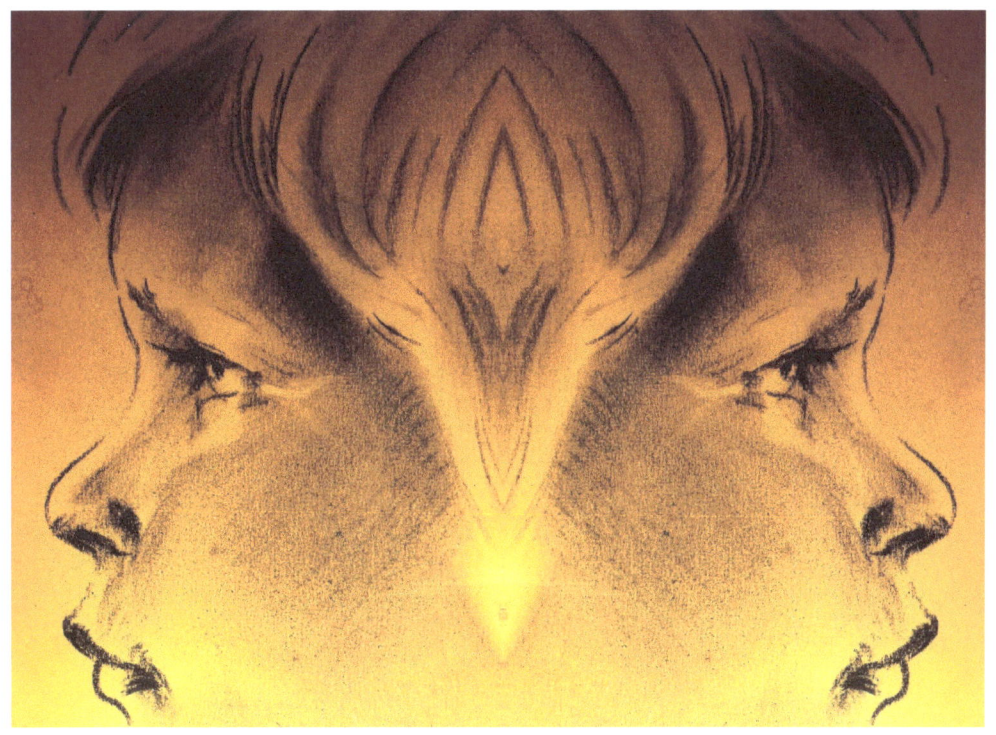

**Mit einem Vorwort
von**

Josef Mahlmeister

1.
– GROSSFORMAT –
Auflage

Bibliografische Information der Deutschen Nationalbibliothek:

Die Deutsche Nationalbibliothek verzeichnet diese Publikation
in der Deutschen Nationalbibliografie;
detaillierte bibliografische Daten sind im Internet über
http://dnb.d-nb.de
abrufbar.

1. GROSSFORMAT Auflage – Köln | Dezember 2014

© Ingo Krämer | Josef Mahlmeister – www.palabros.de

Gestaltung: Palabros de Cologne ®
Unter Verwendung des
Cover Creator von CreateSpace ©

CreateSpace, Charleston SC
Druck: Daten sind auf letzter Seite

ISBN-13: 978-1-505-62862-3
ISBN-10: 1-505-62862-8

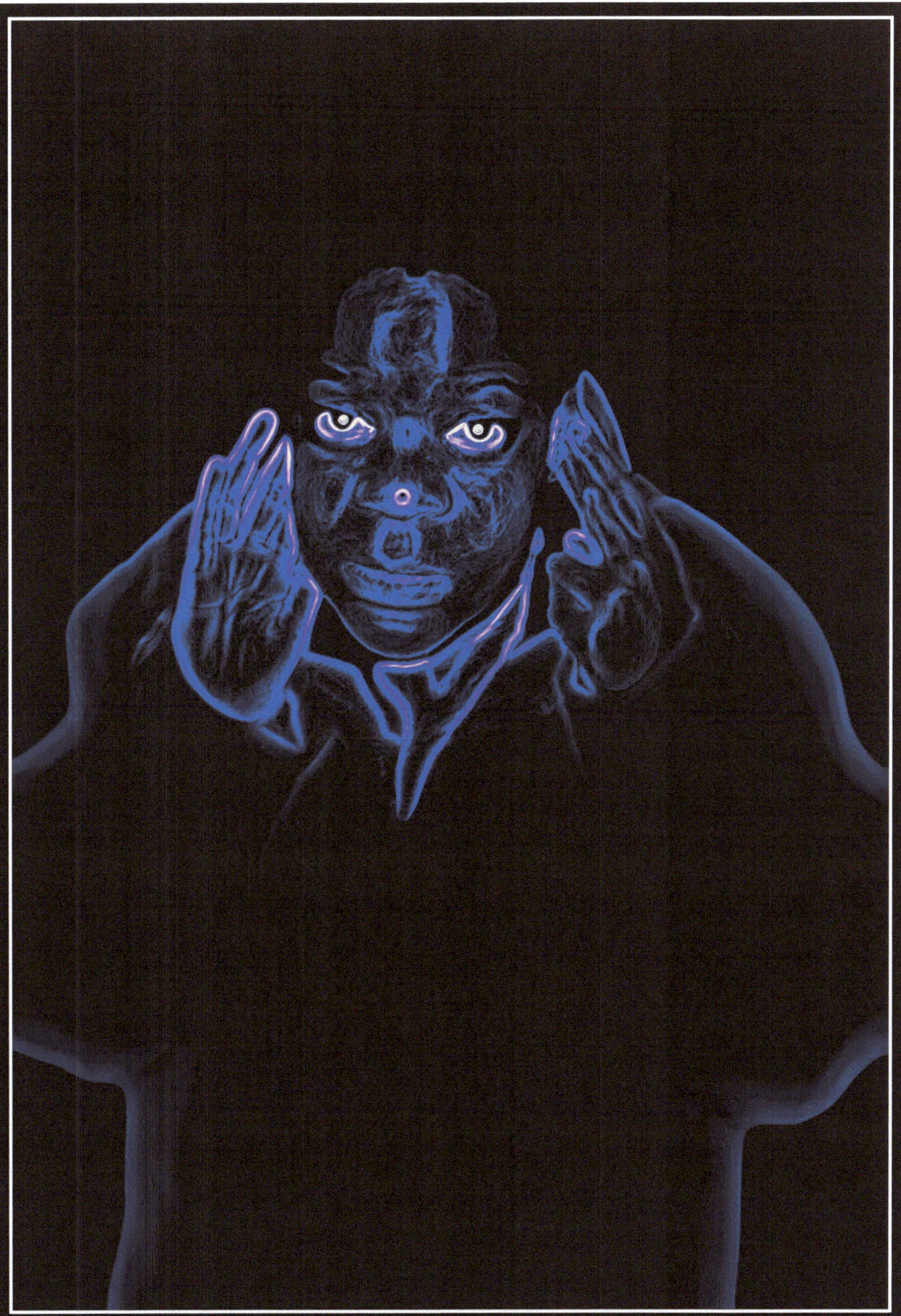

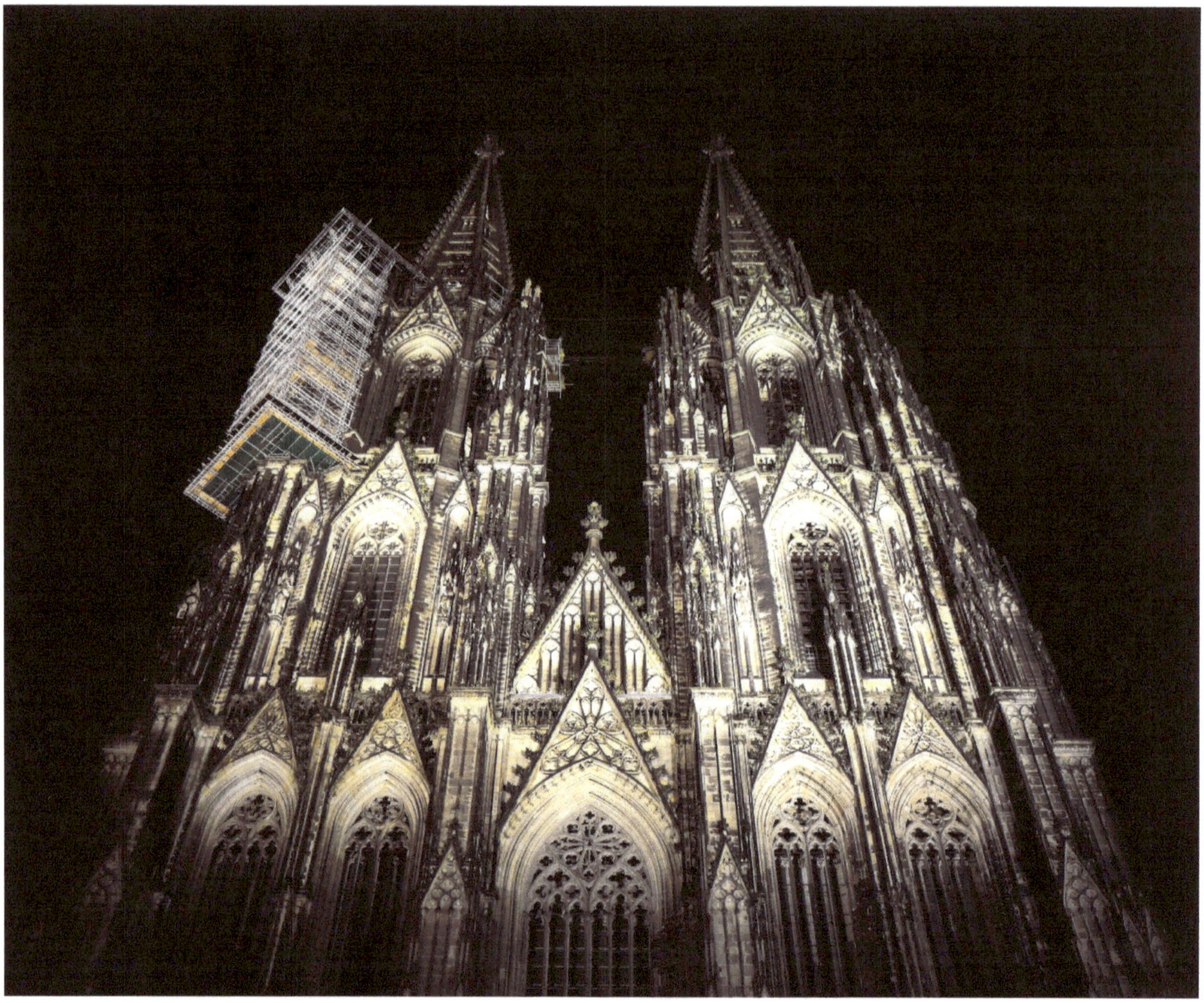

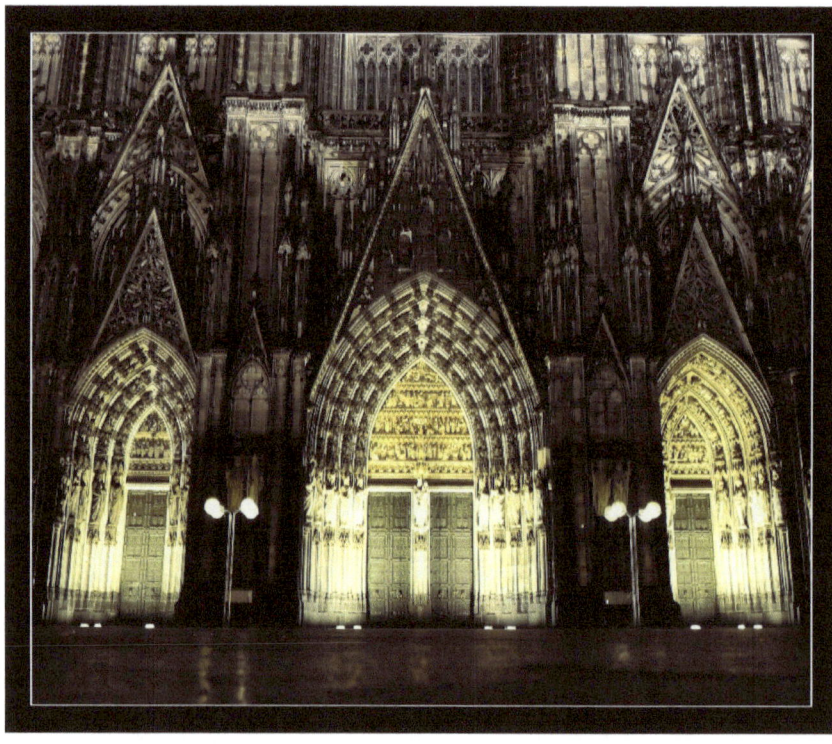

KUNST und KITSCH?

oder einfach KRÄMER!

Warum solch ein Fotoband? – Nun, er erklärt sich selbst! Für die Einen ist es Kunst. Für andere mag es Kitsch sein. – Letztlich ist alles aber einfach: Krämer!

Ein Fotoband mit Bildern in den unterschiedlichsten Styl-Richtungen. Die hier vorliegenden Bilder sind schwer in irgendein uns bekanntes Genre einzuordnen. Wer es dennoch tun möchte, der kann es versuchen.

Was alle vereint, ist jedoch der Blick fürs Ungewöhnliche, Außergewöhnliche und manch Abstraktes aus unserem Alltag.

Viel Freude beim Betrachten, Aufmerken, beim Innehalten im Alltag und vielleicht auch beim Rätseln über Sinn, Inhalt und Bedeutung so mancher Aufnahme! Jeder wird sicher etwas anderes für sich persönlich bevorzugen oder gar strikt ablehnen.

Wie auch immer. Viel Freude mit einer Melange aus wirklich ungewöhnlichen Augen-Blicken und alle Sinne ansprechenden Formen, Farben und Fantasien!

Das wünscht Ihnen / Euch

Josef Mahlmeister

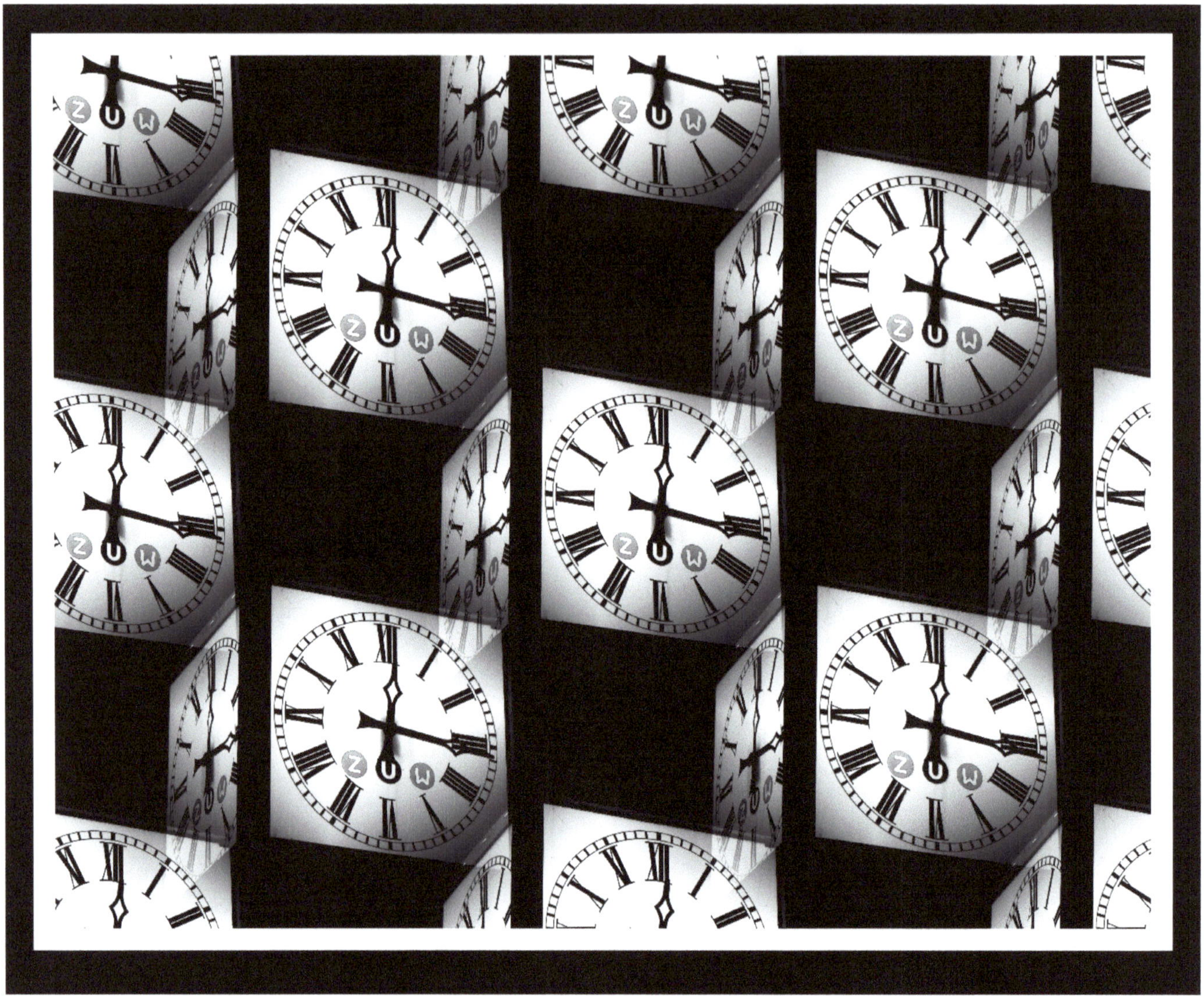

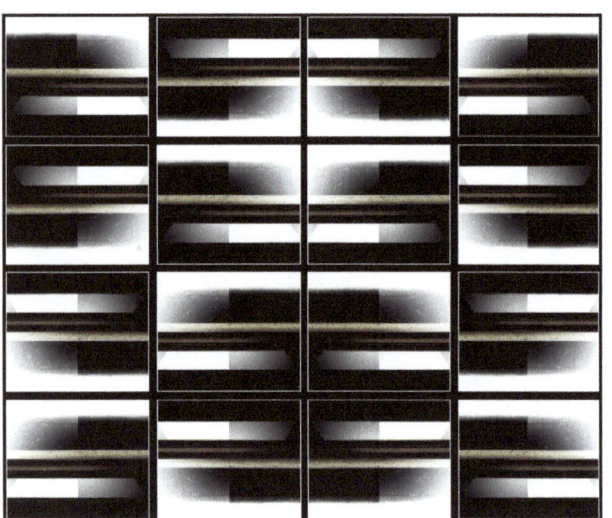

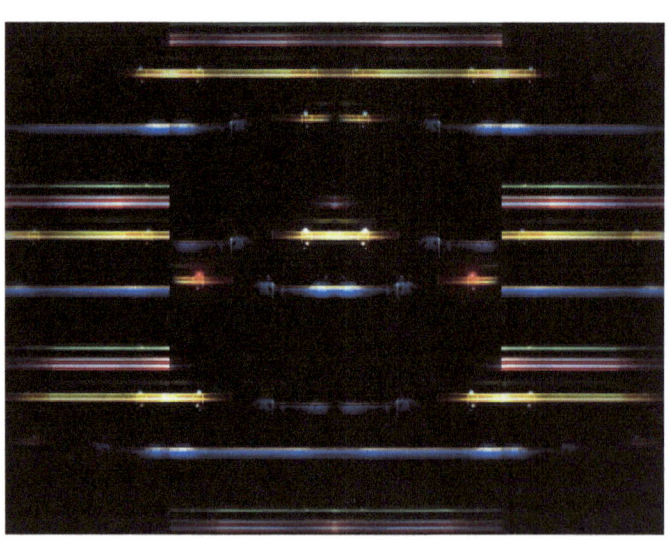

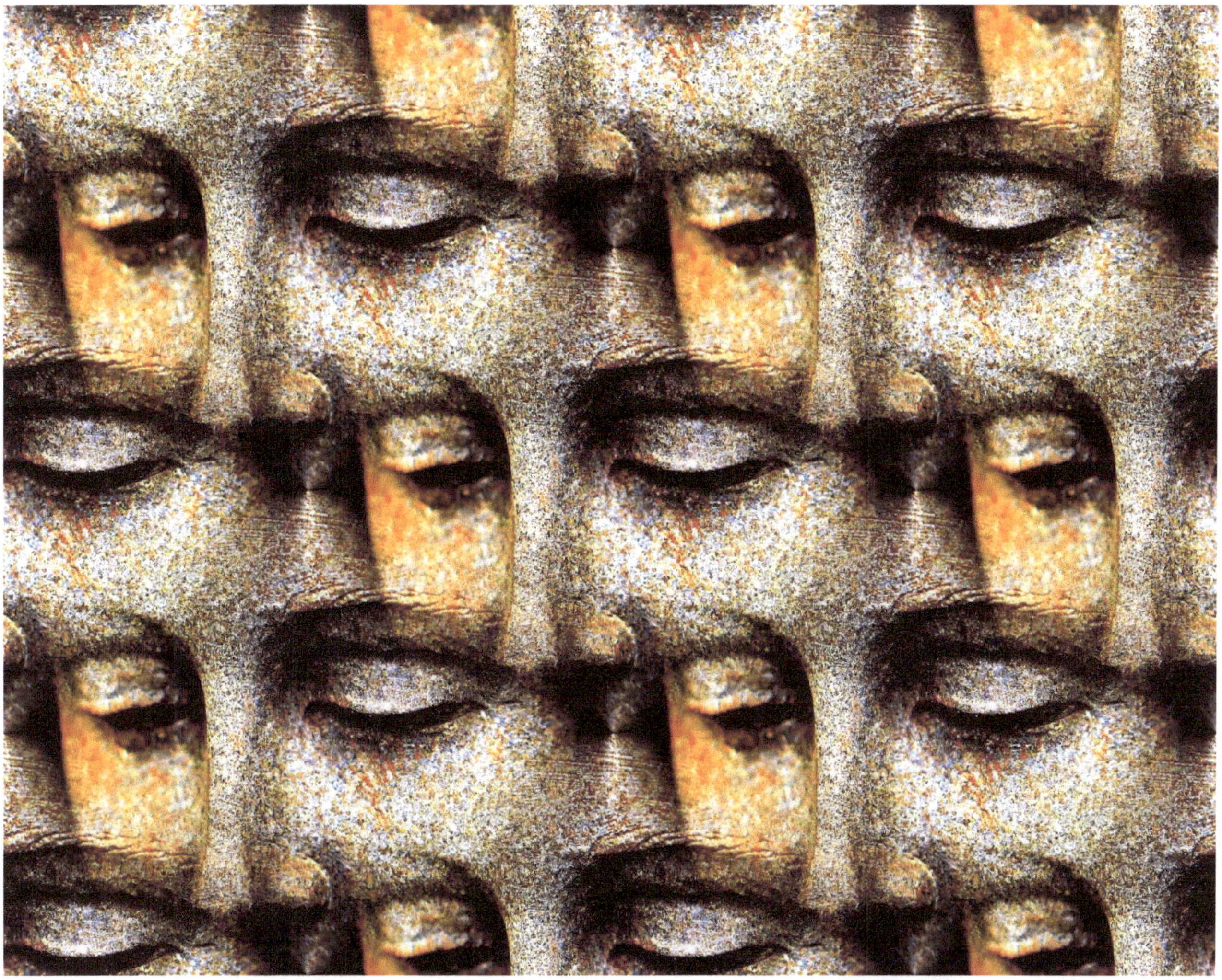

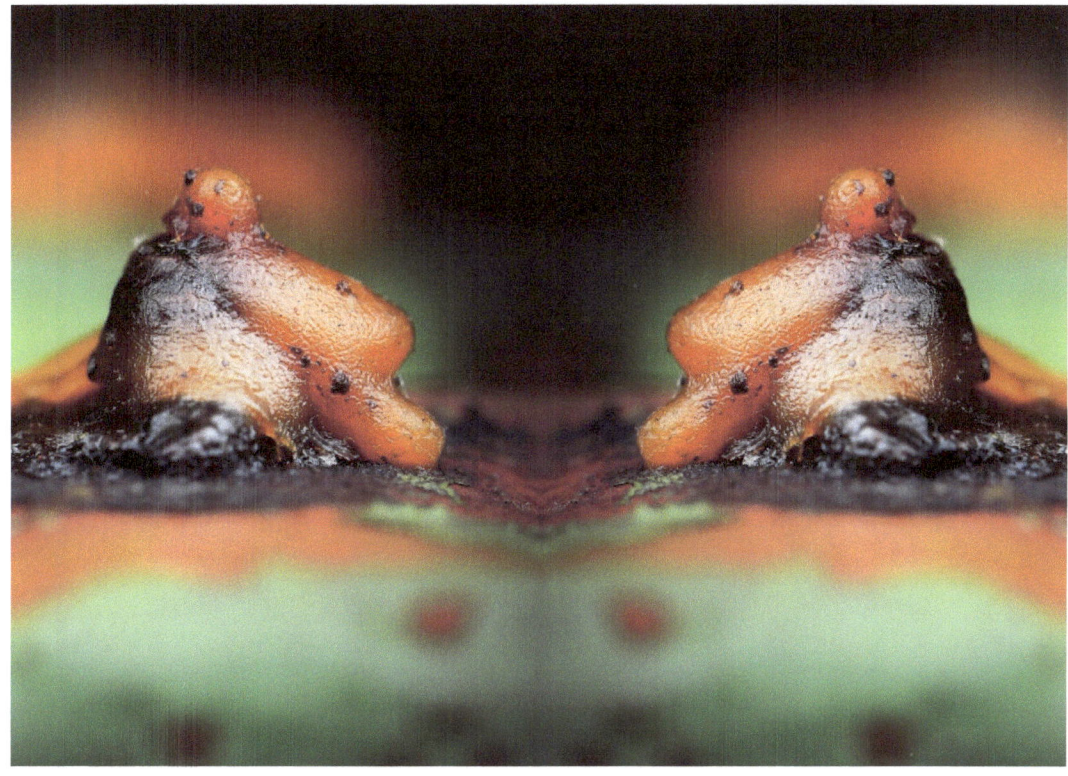

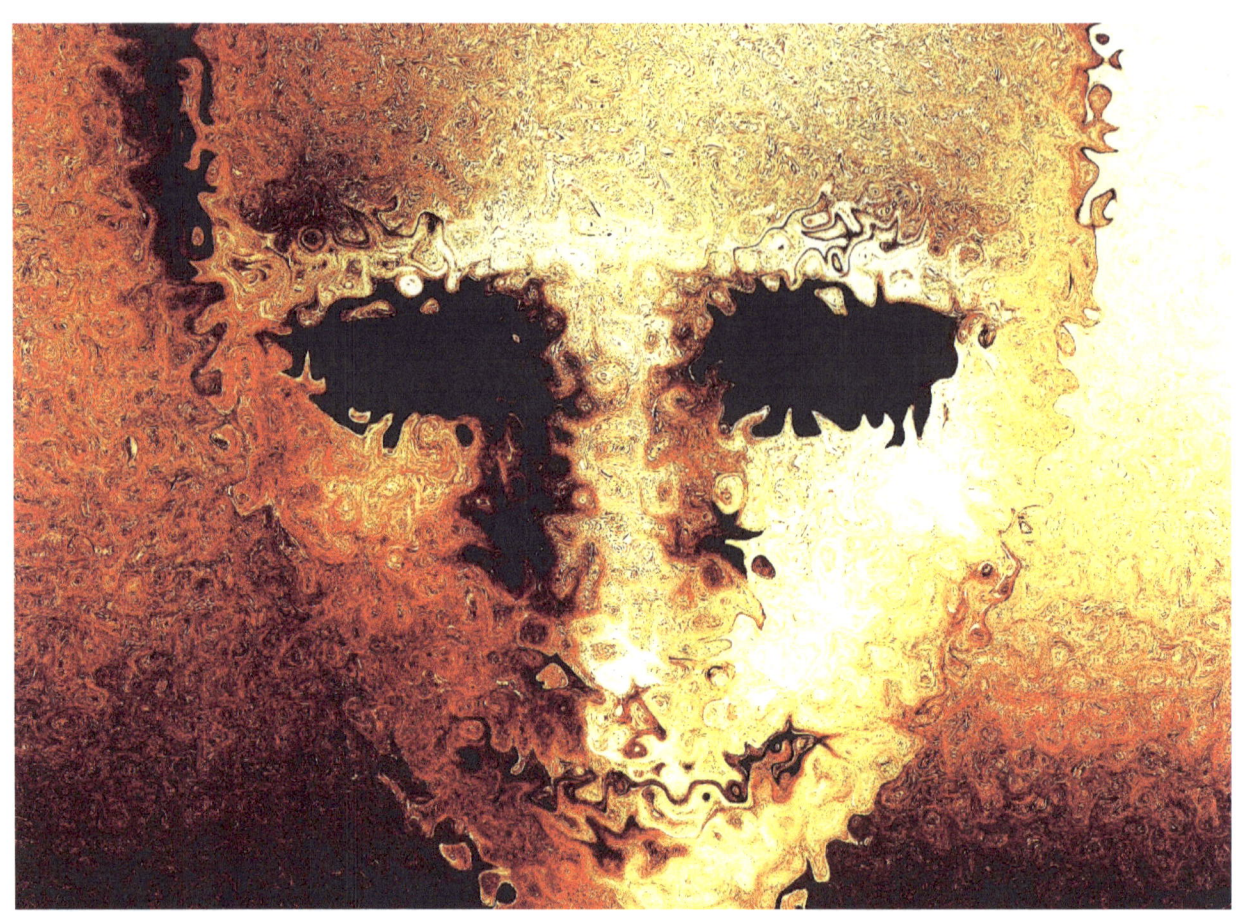

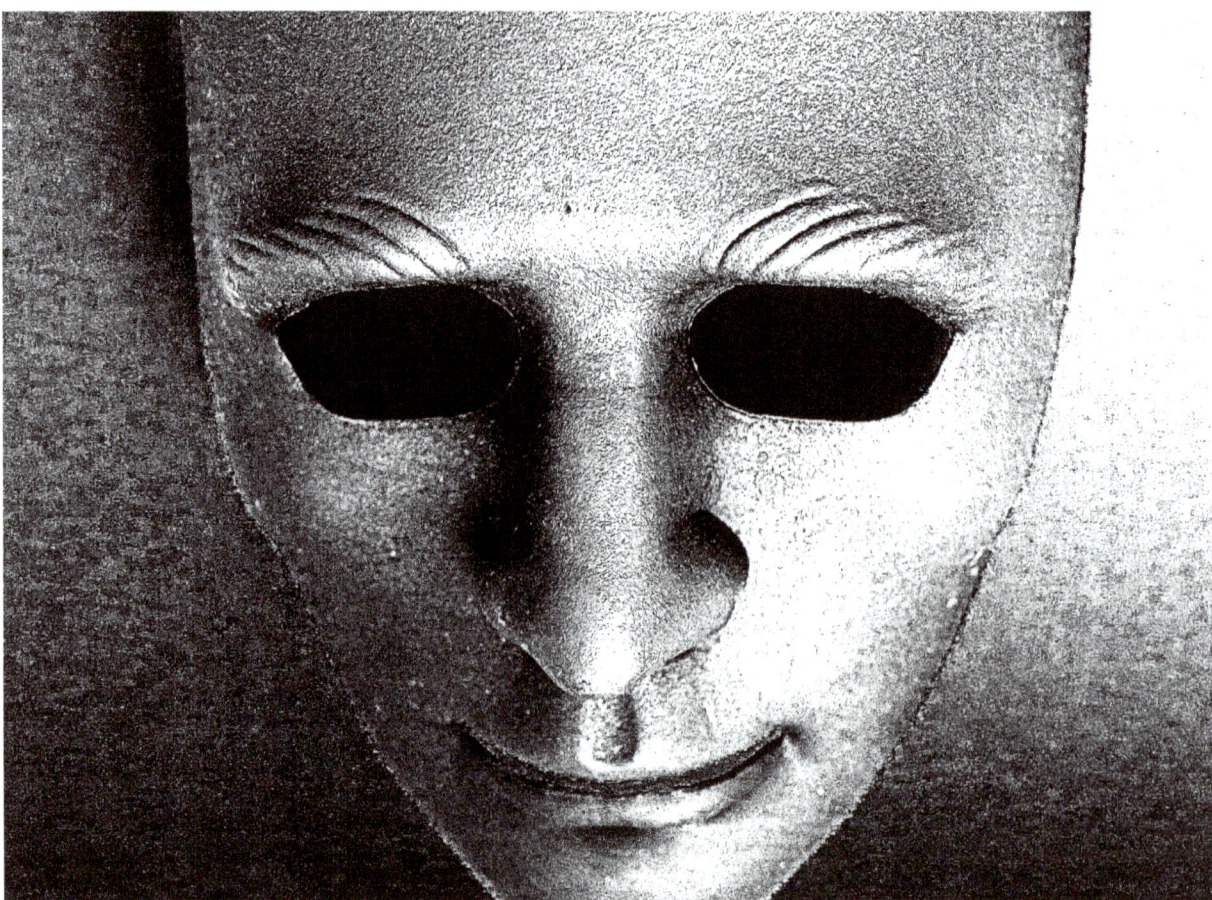

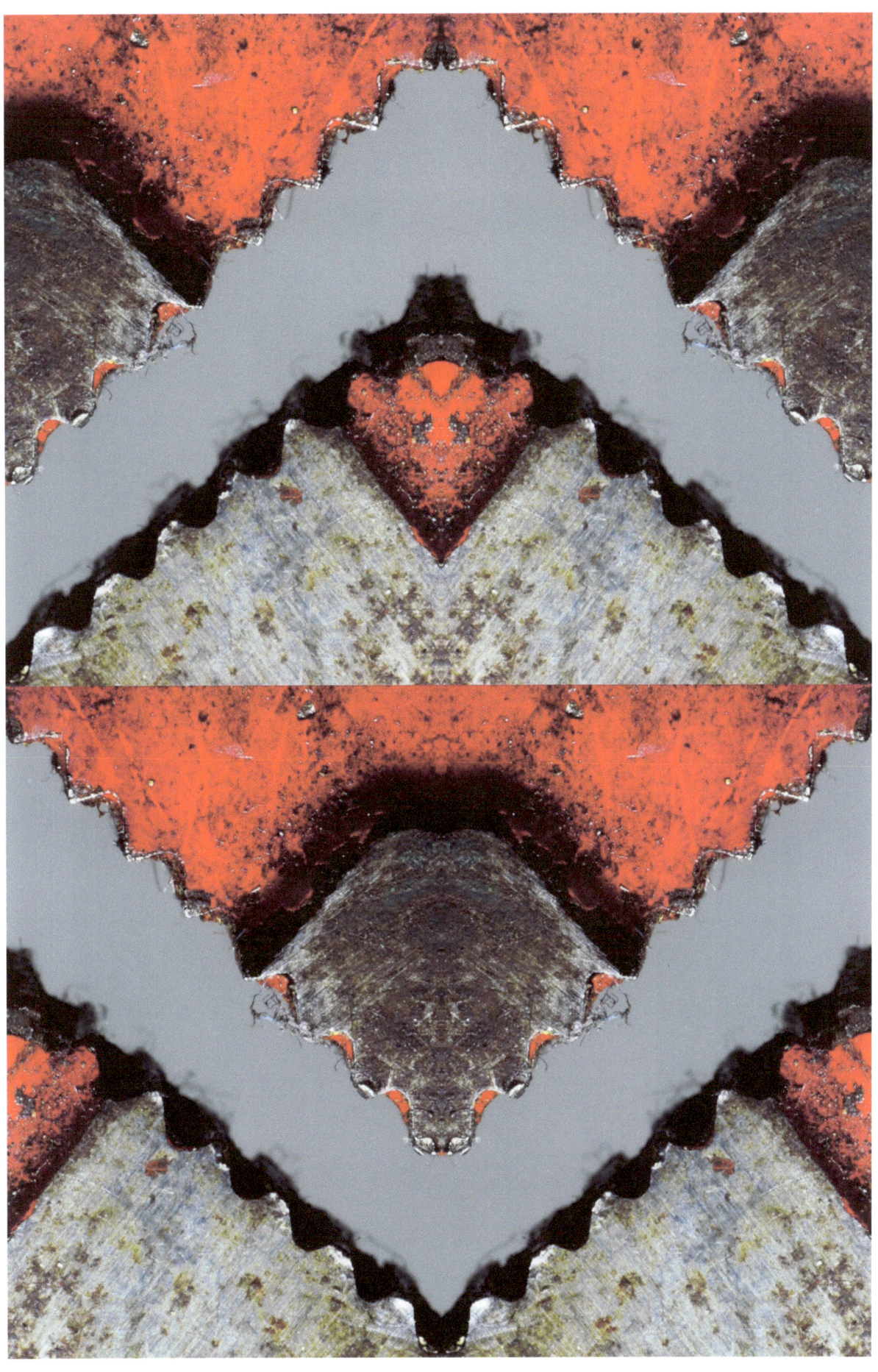

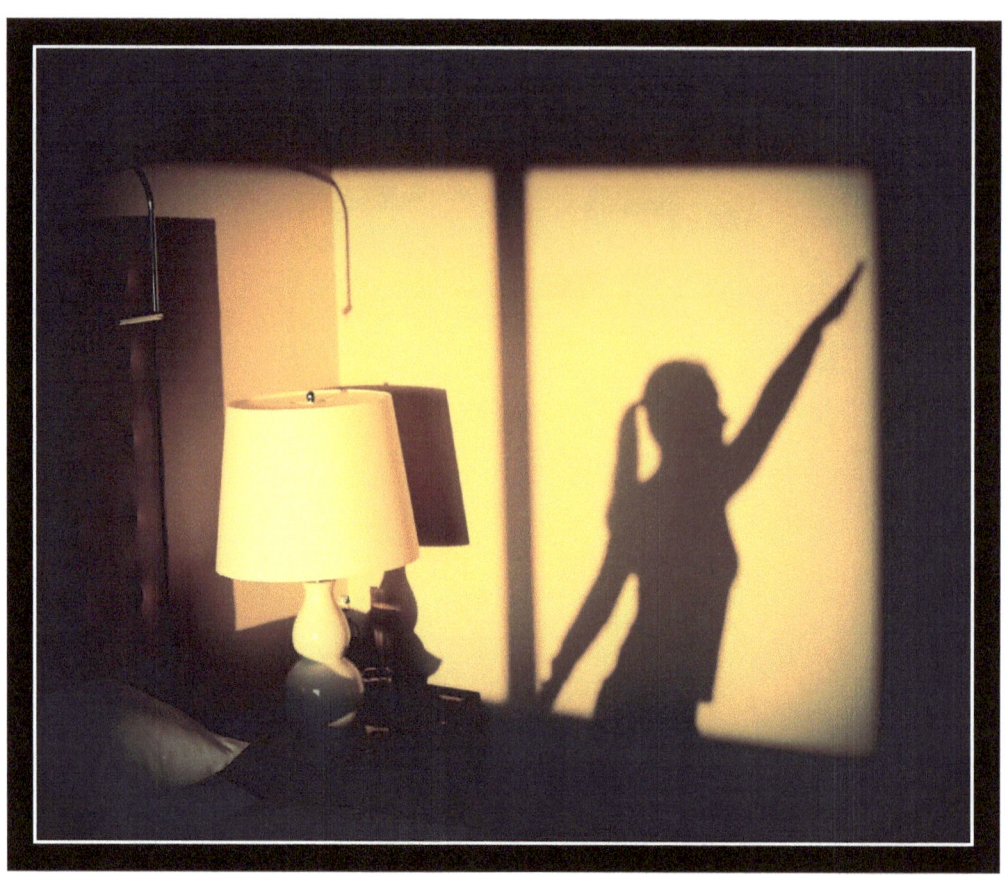
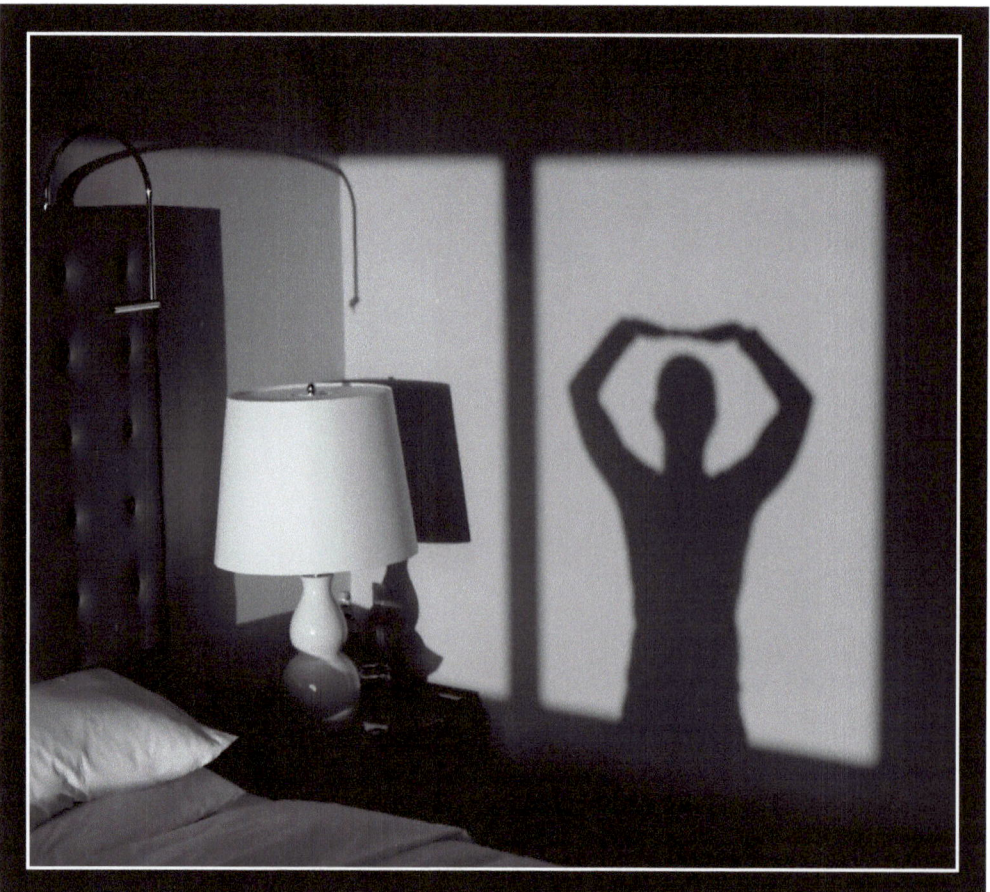

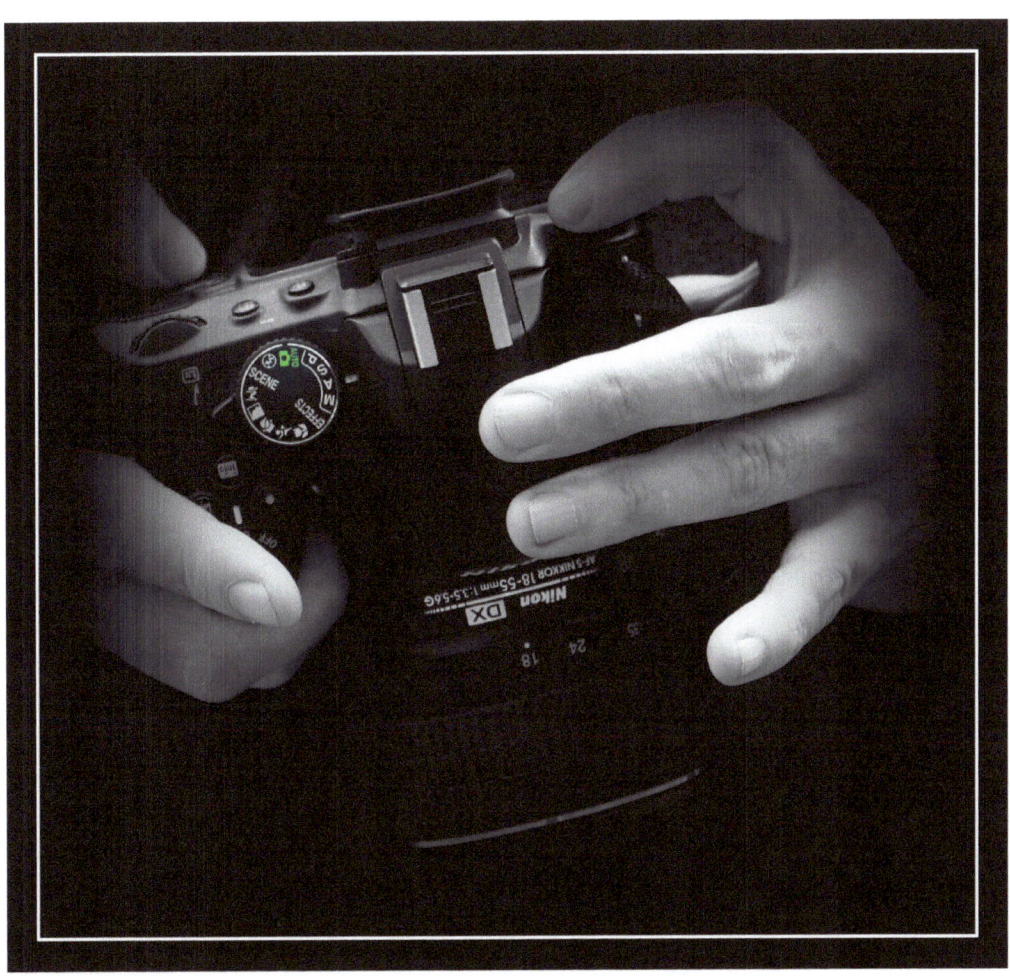

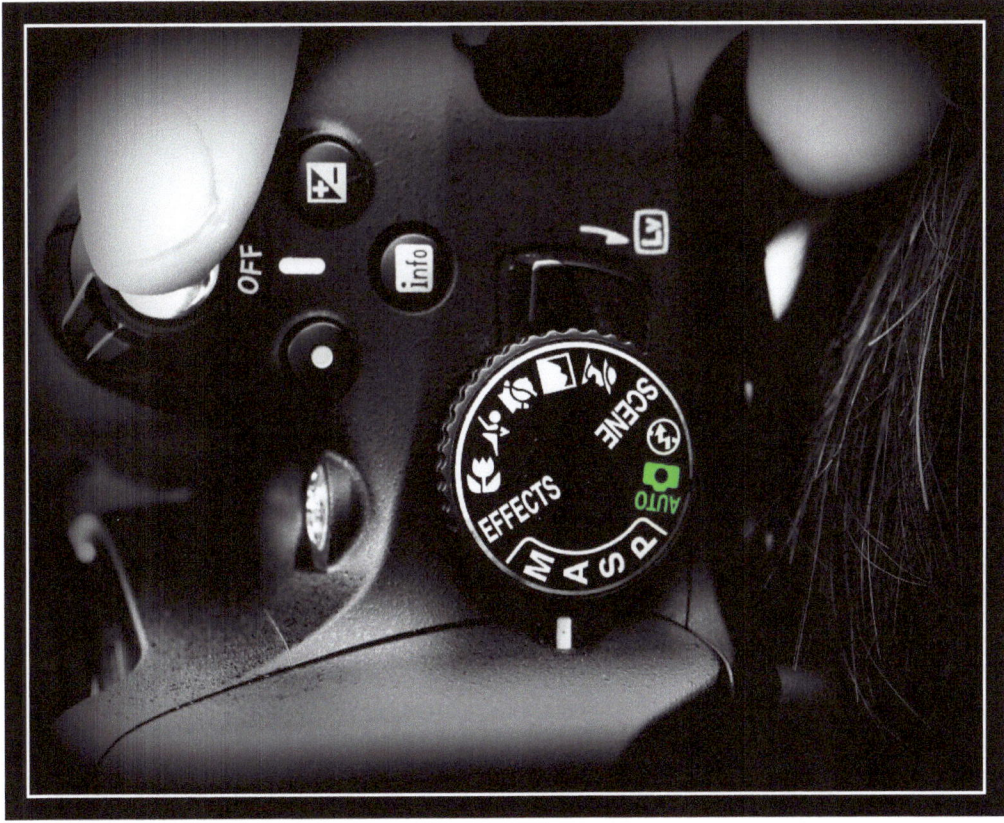

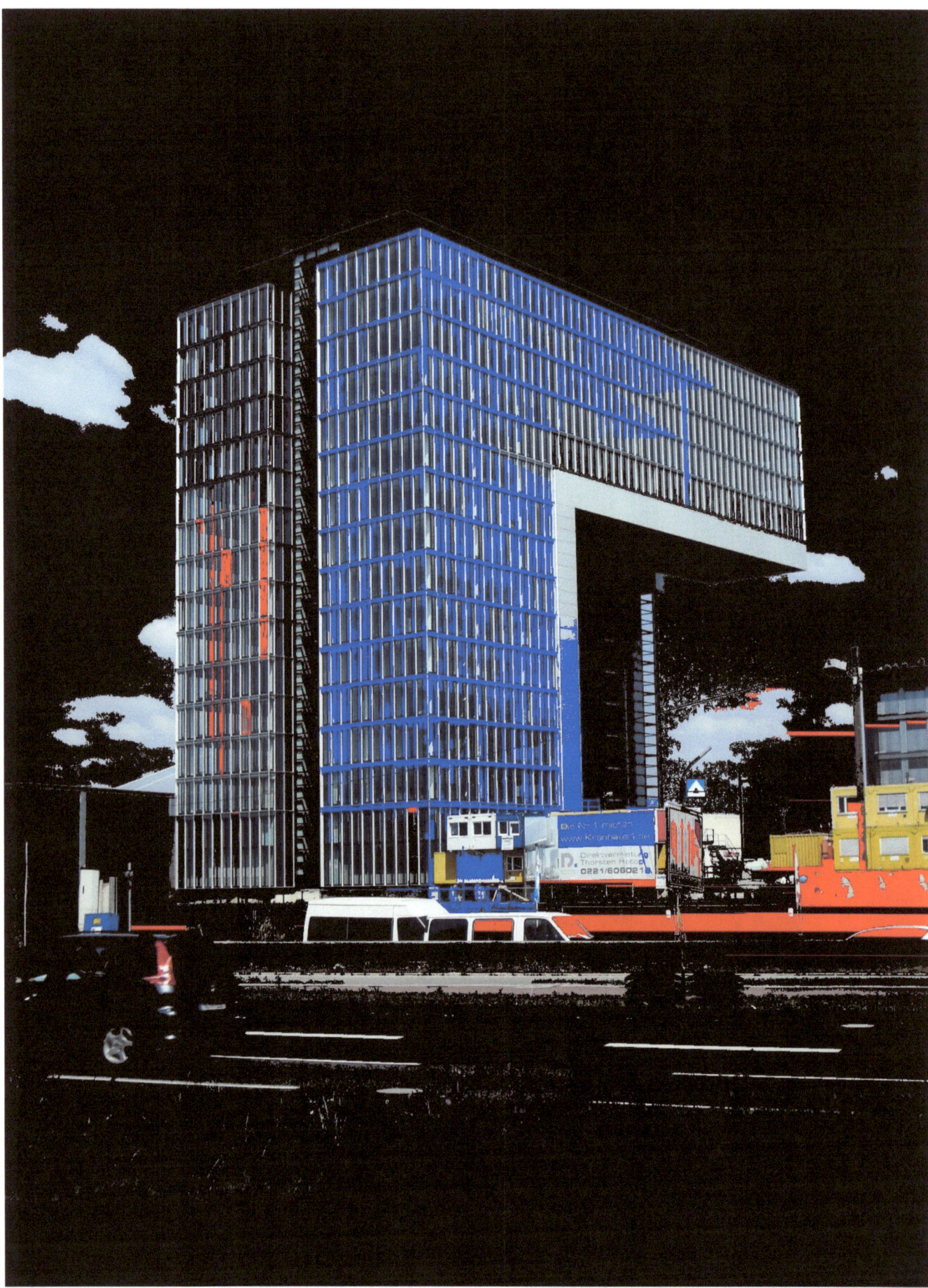

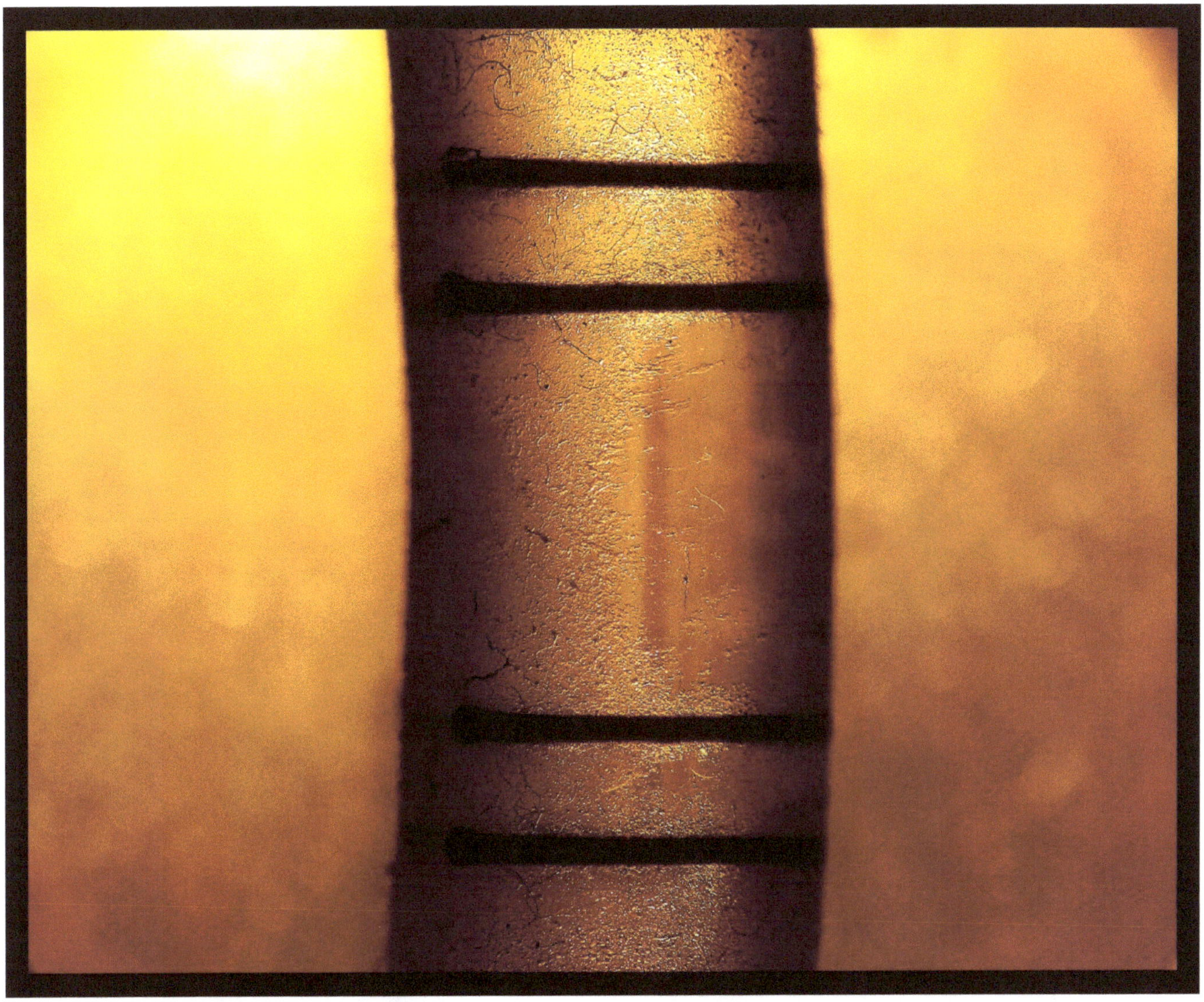

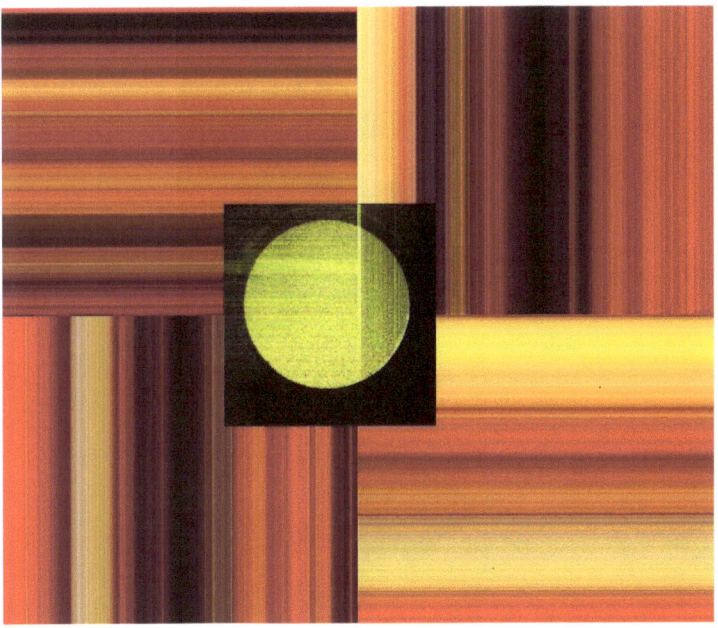
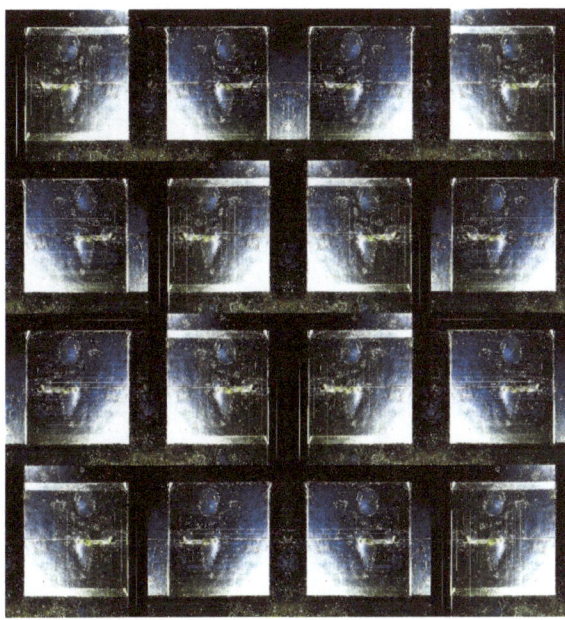

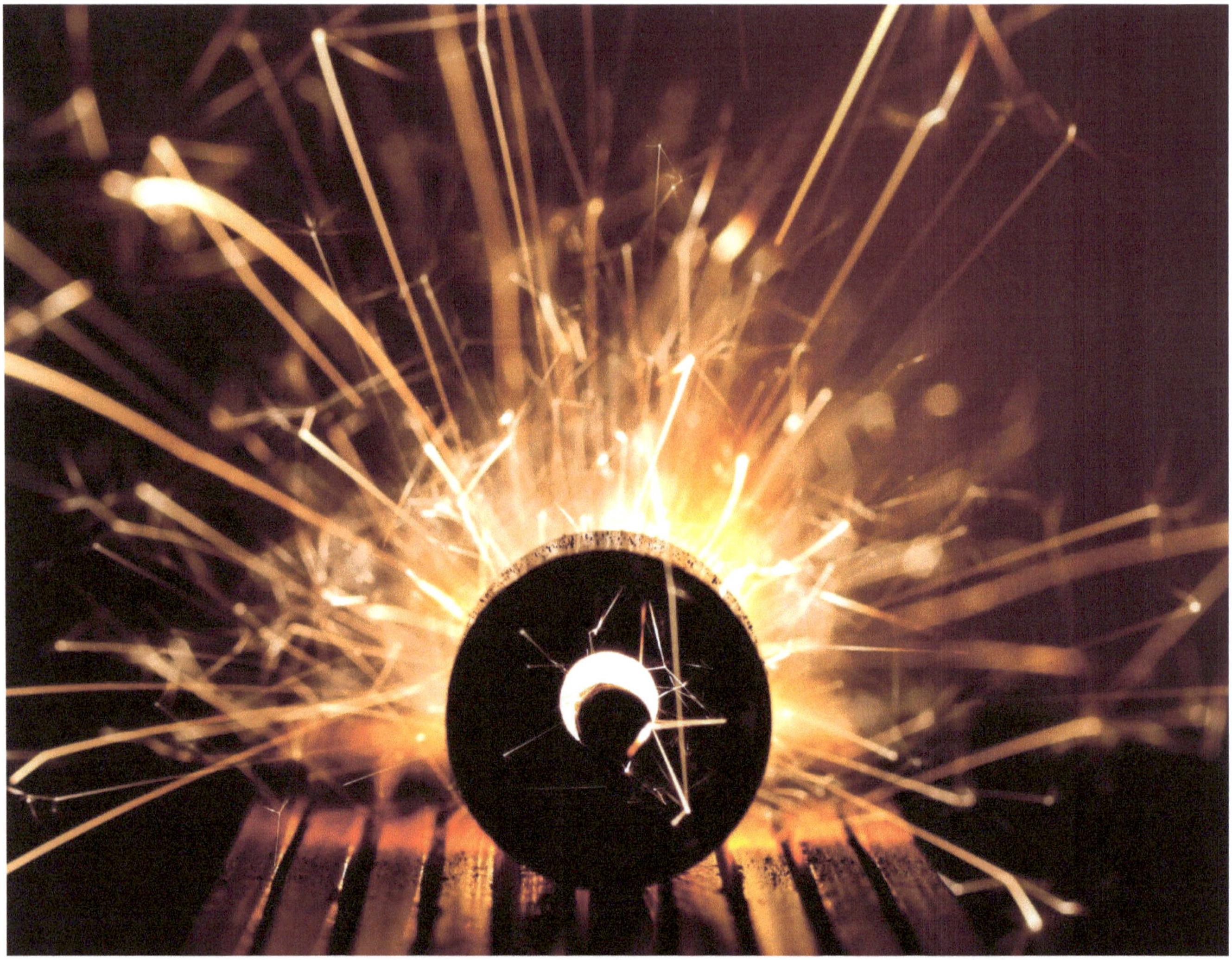

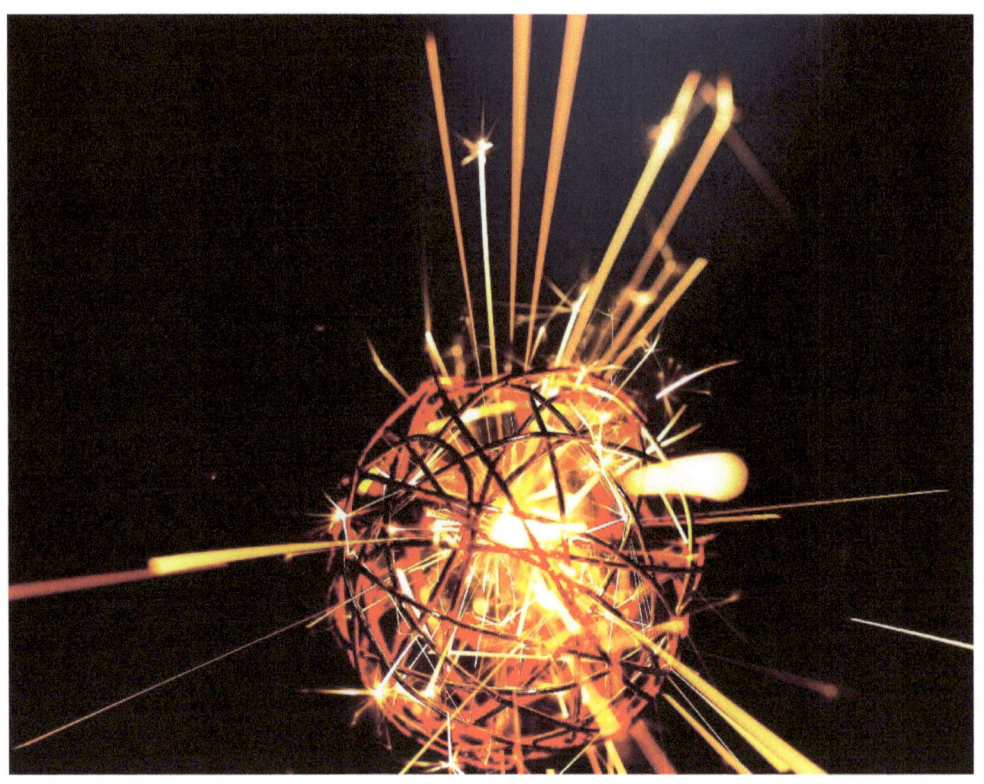

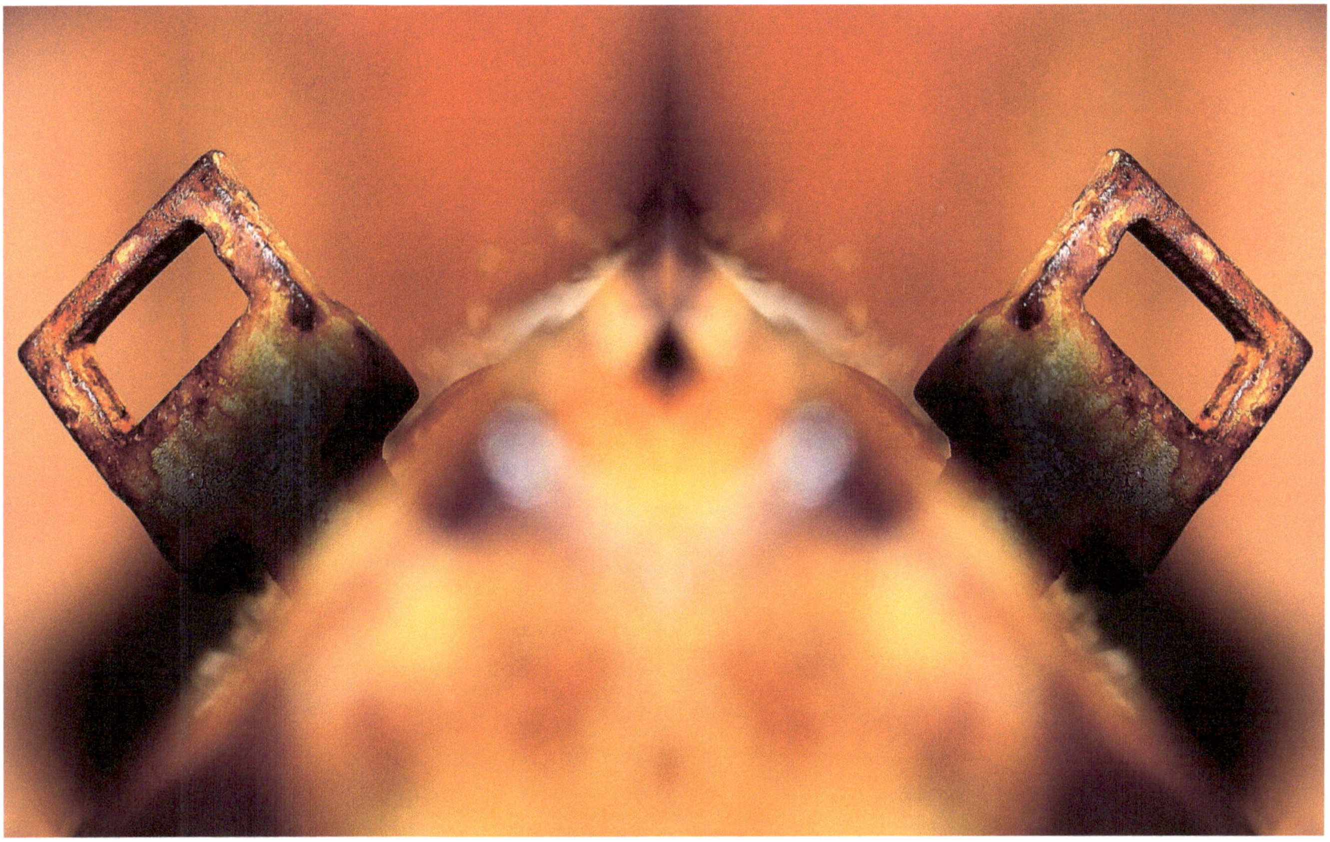

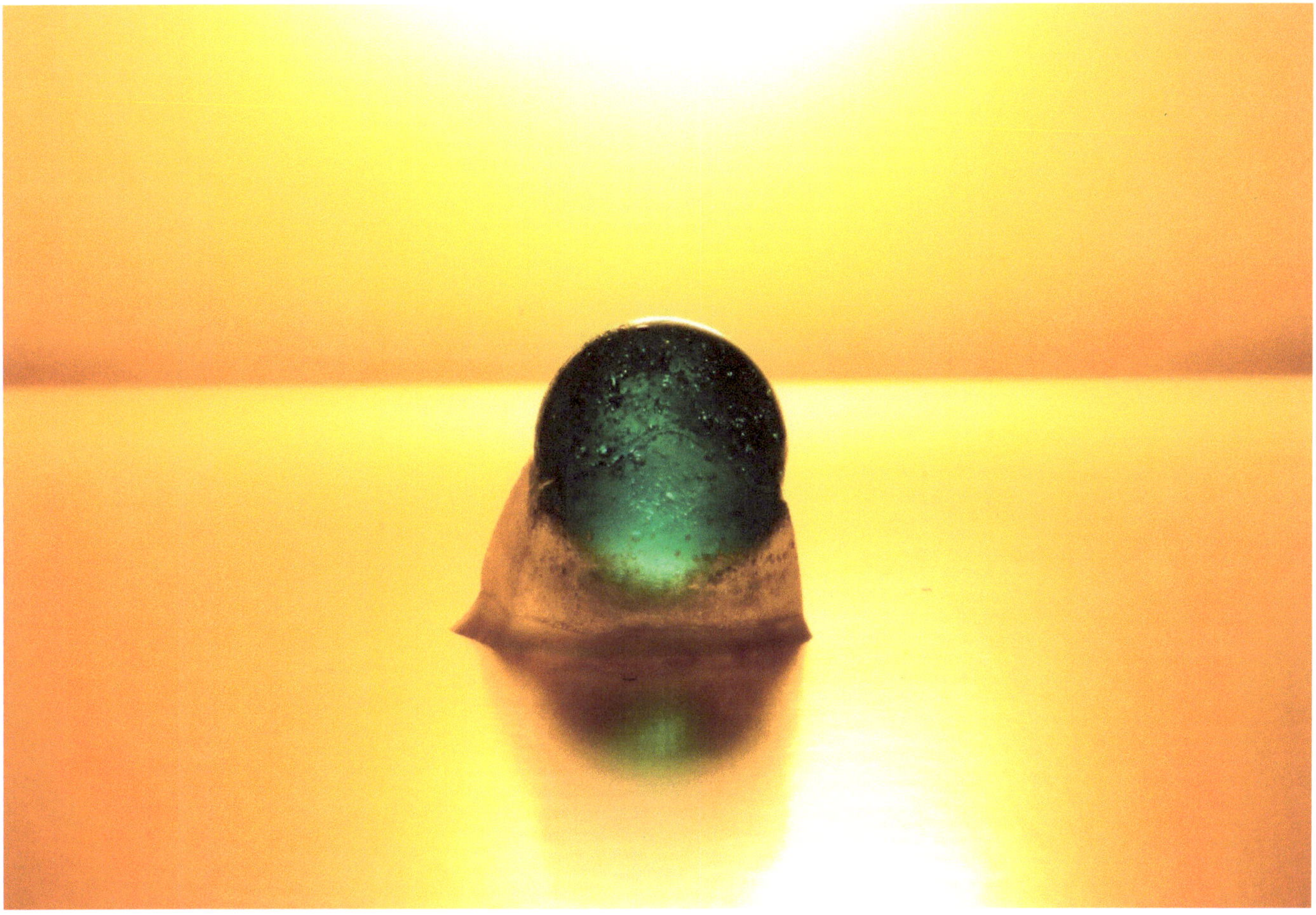

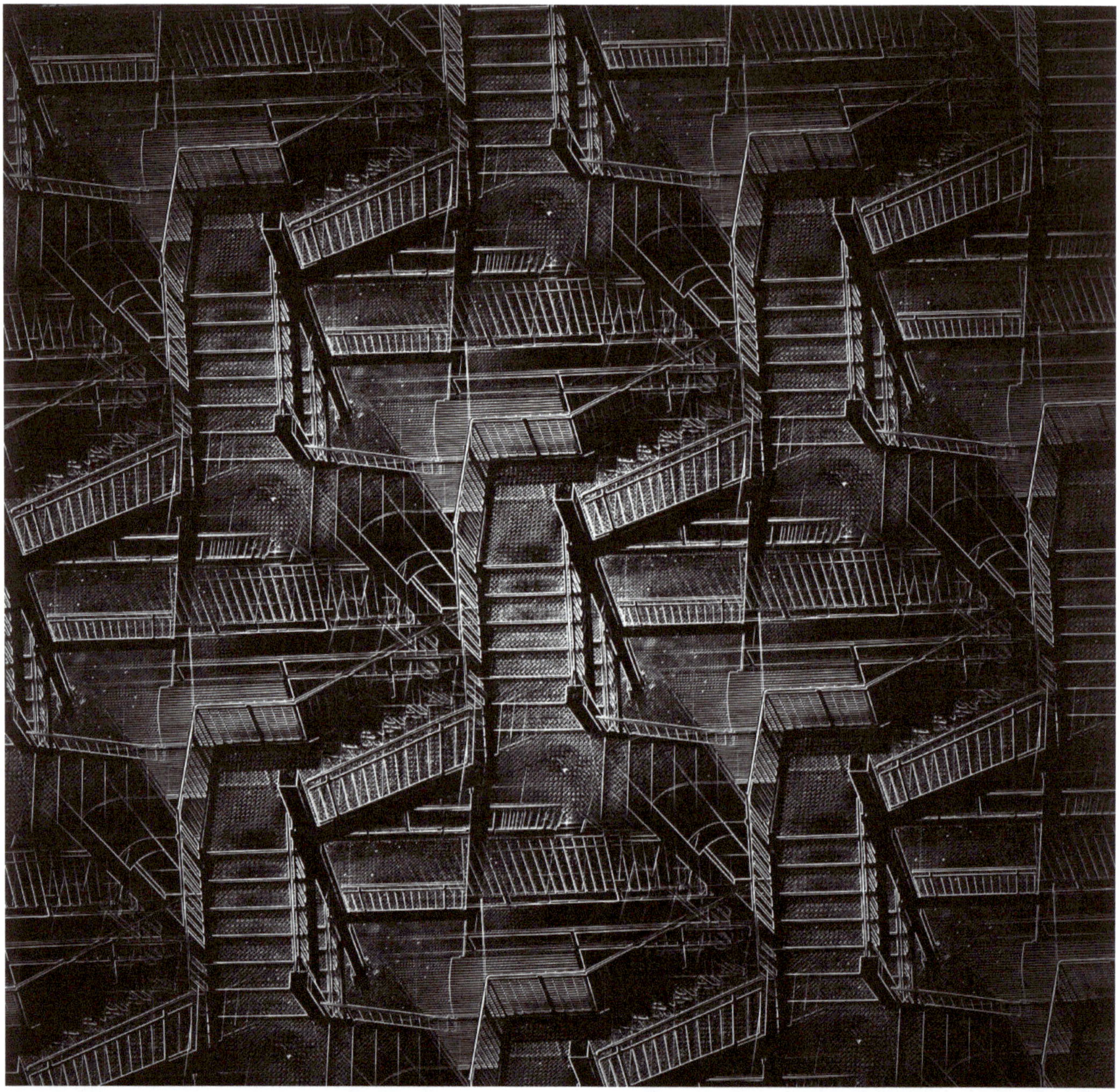

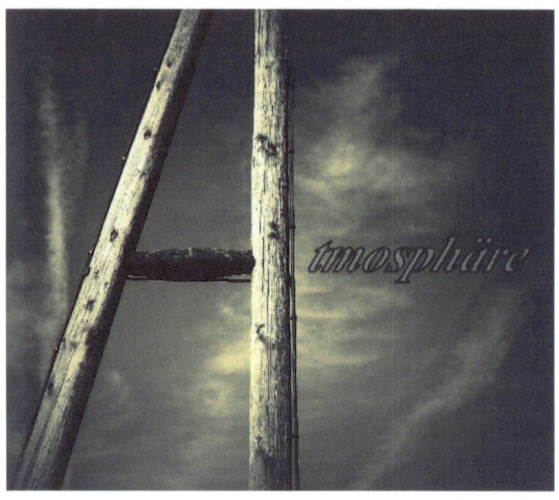

tmosphäre

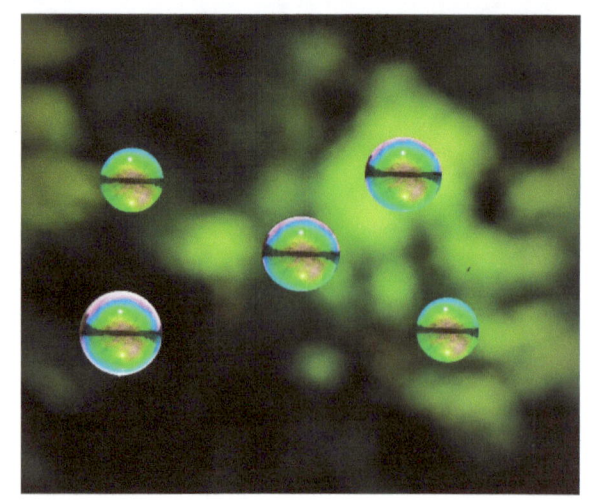

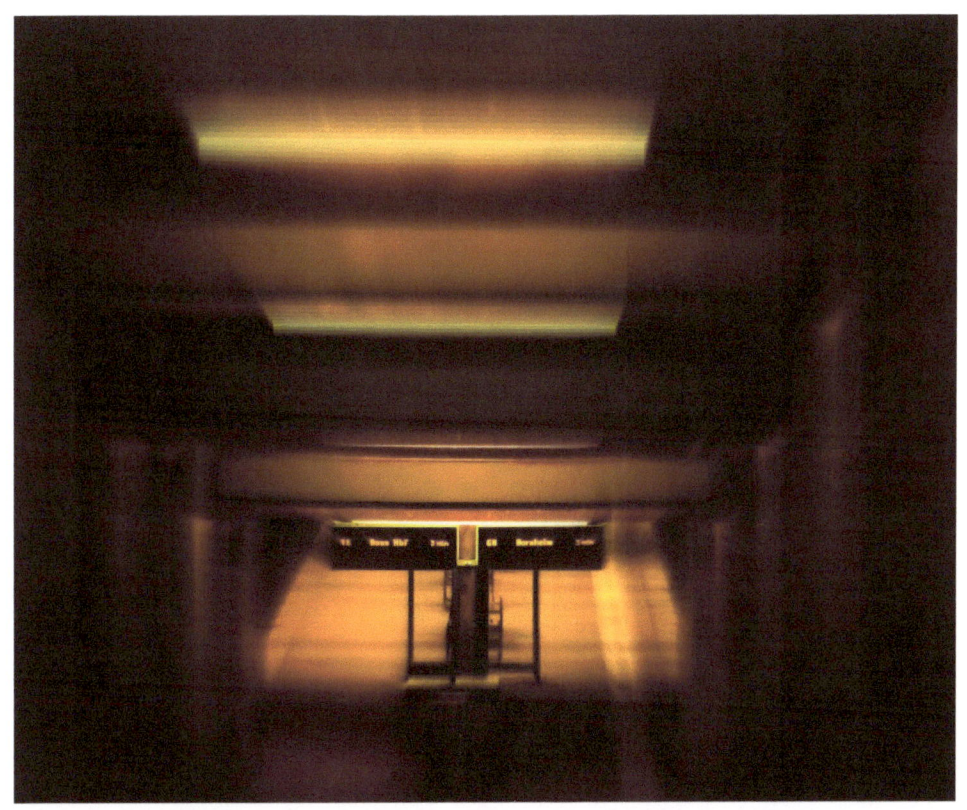

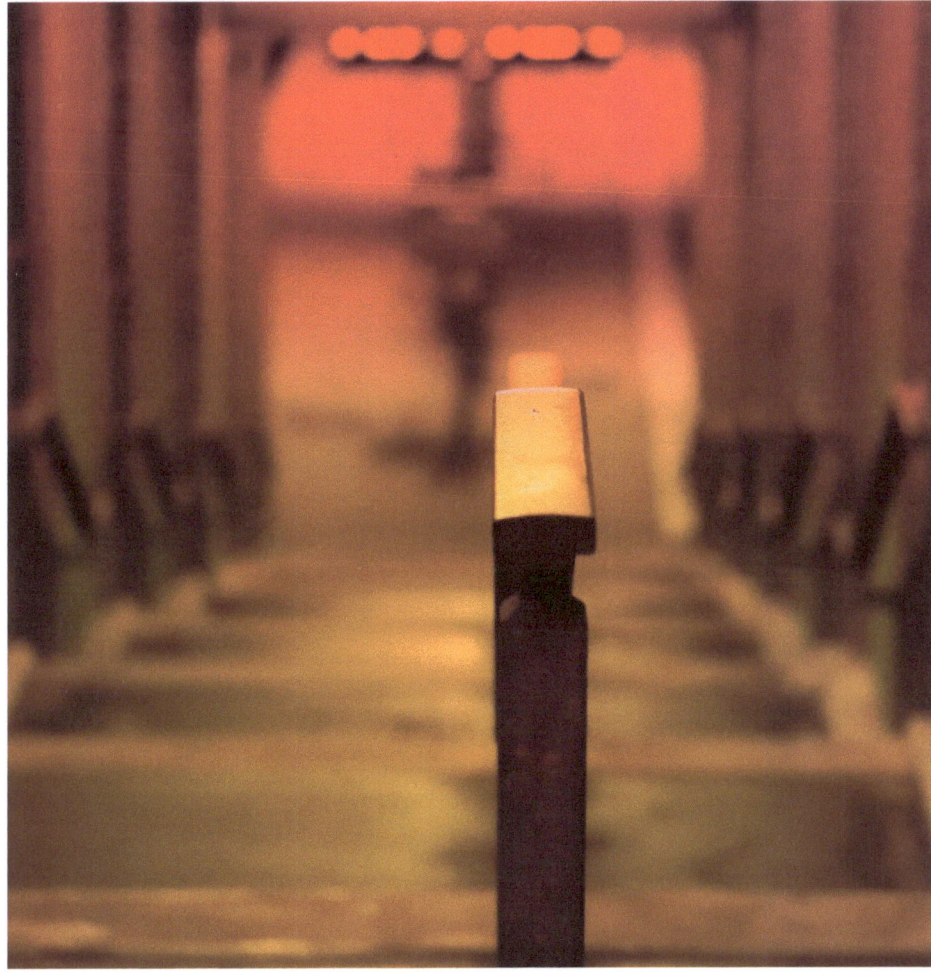

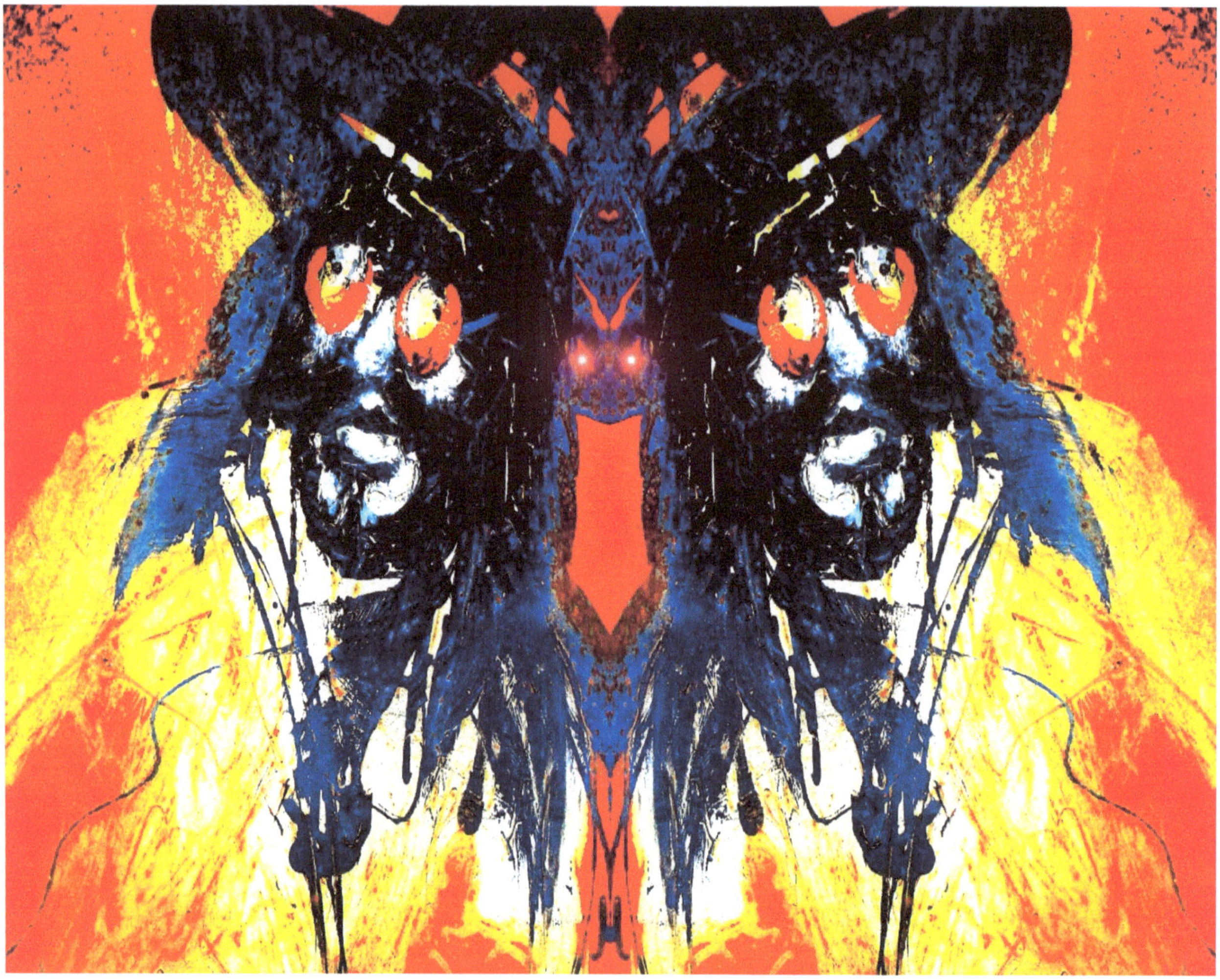

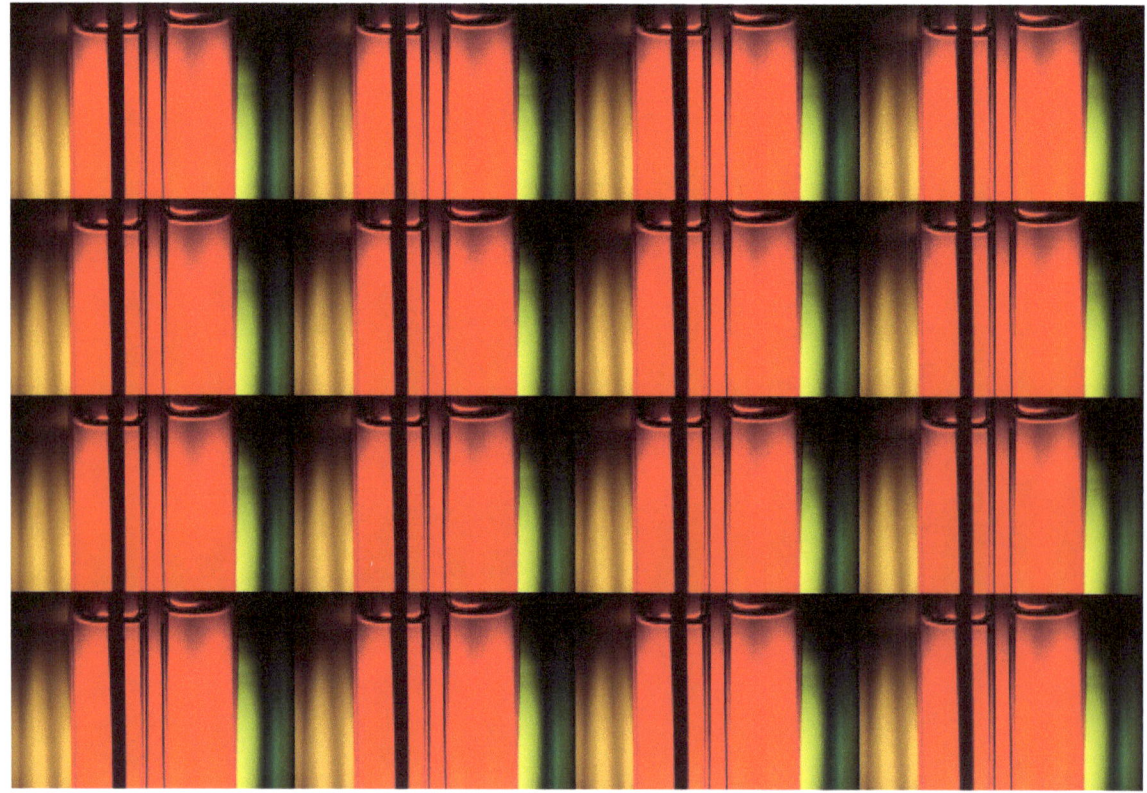

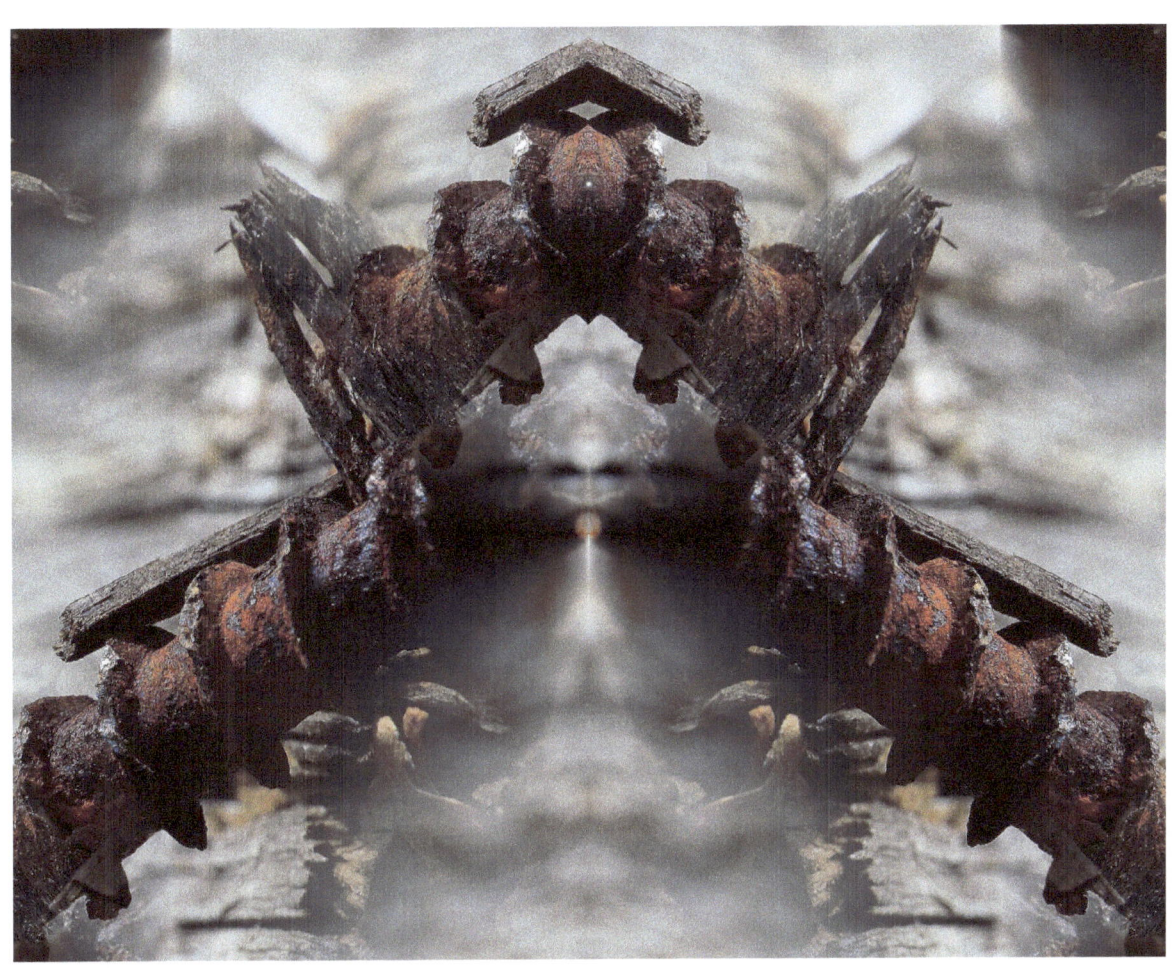

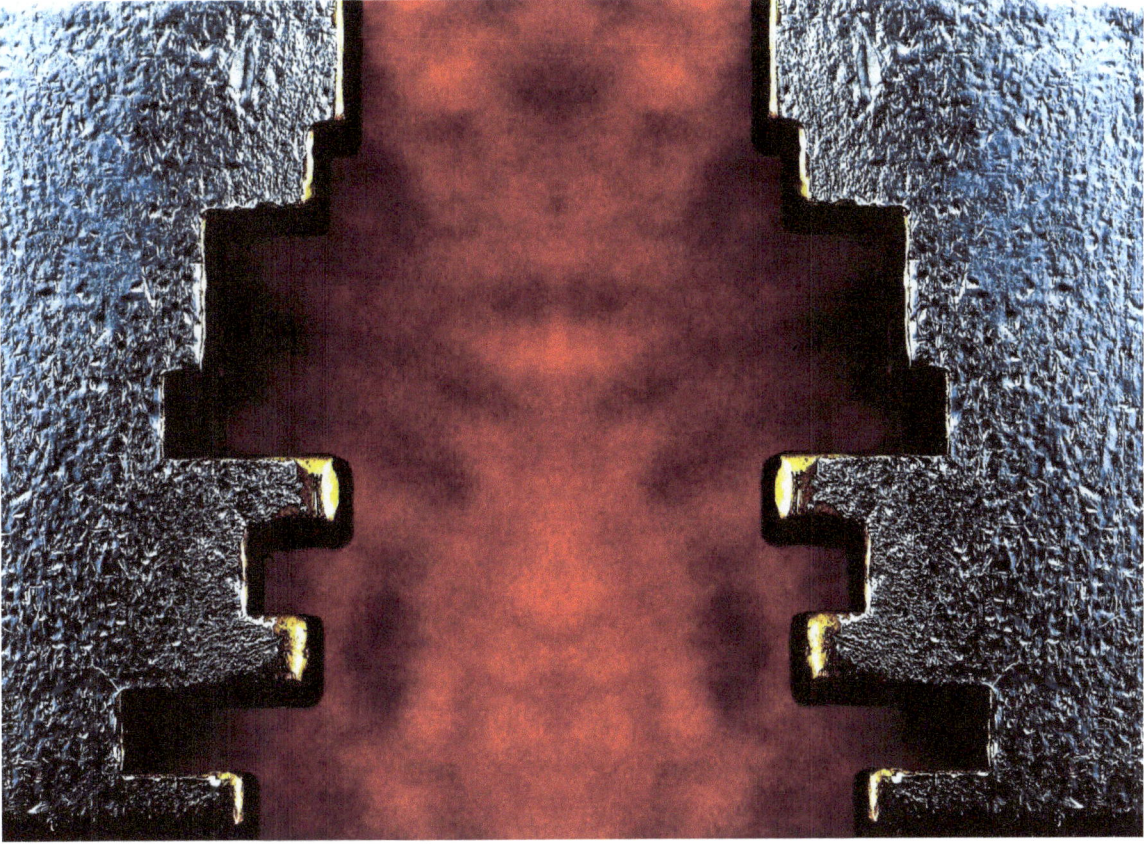

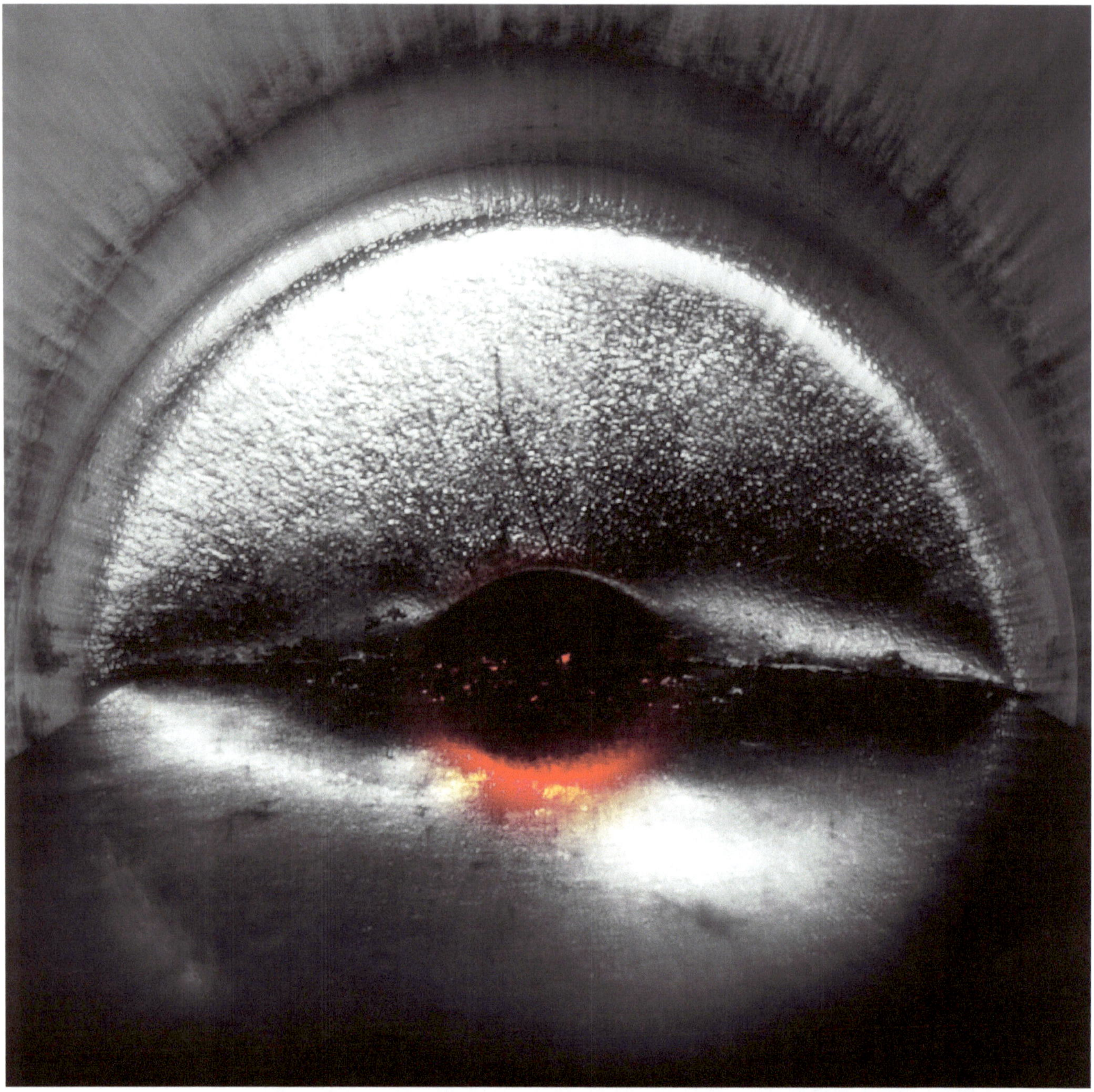

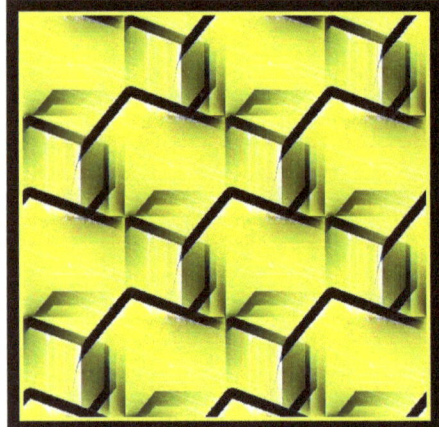
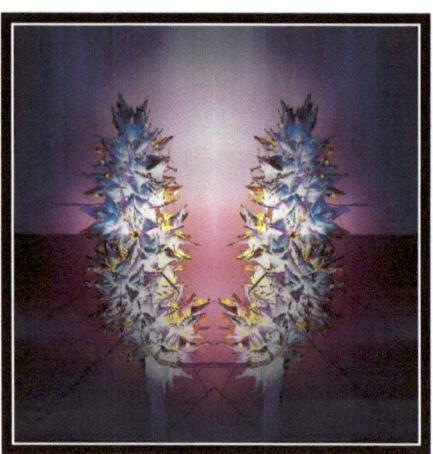
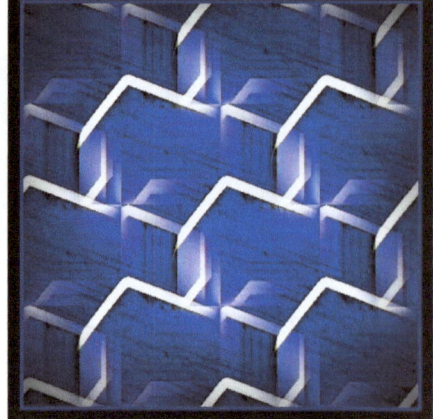

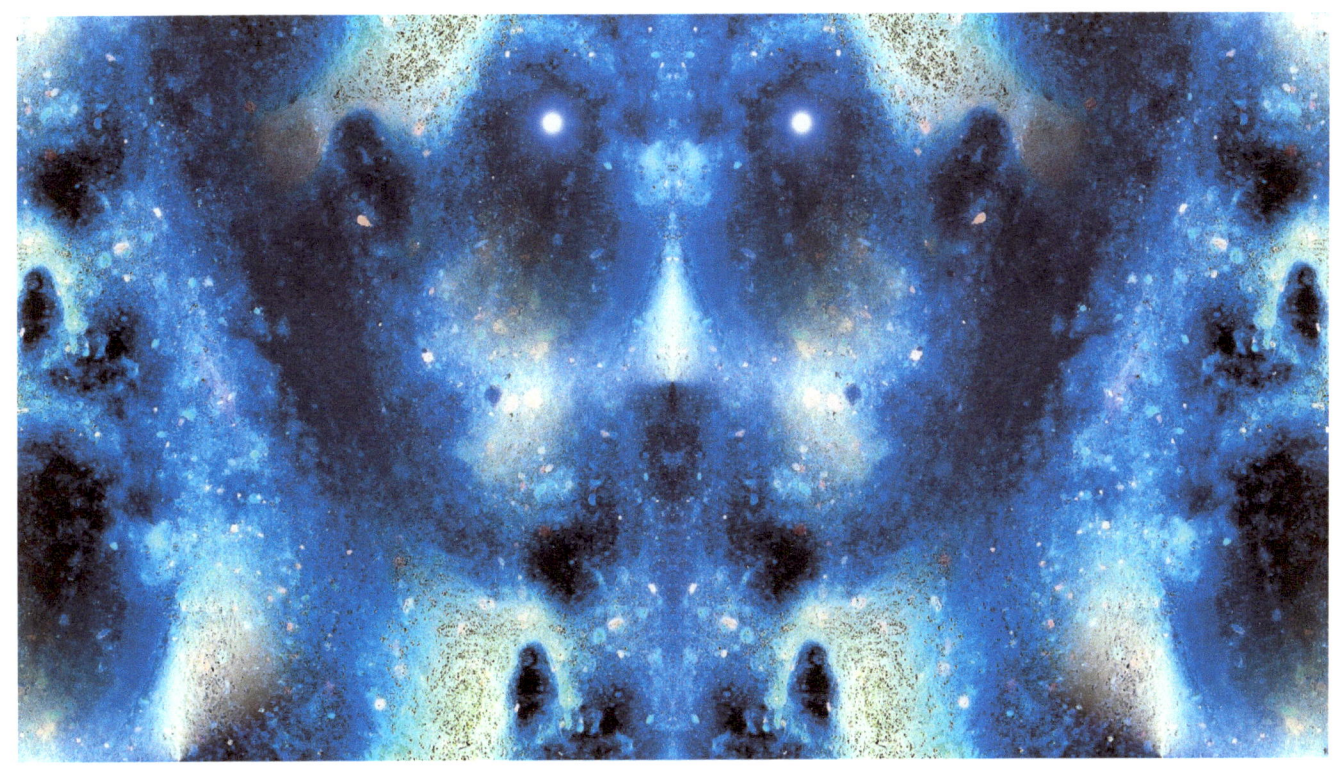

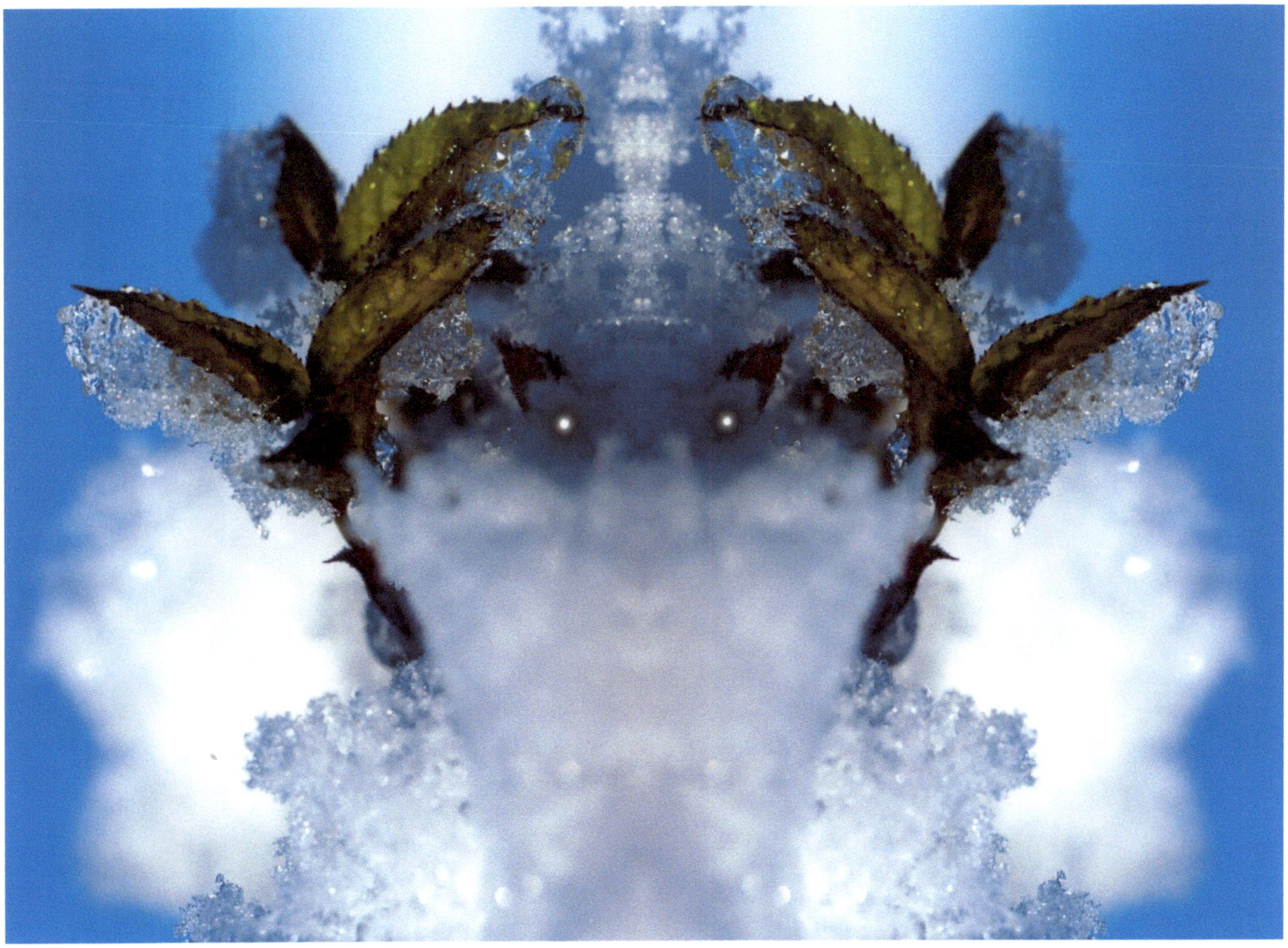

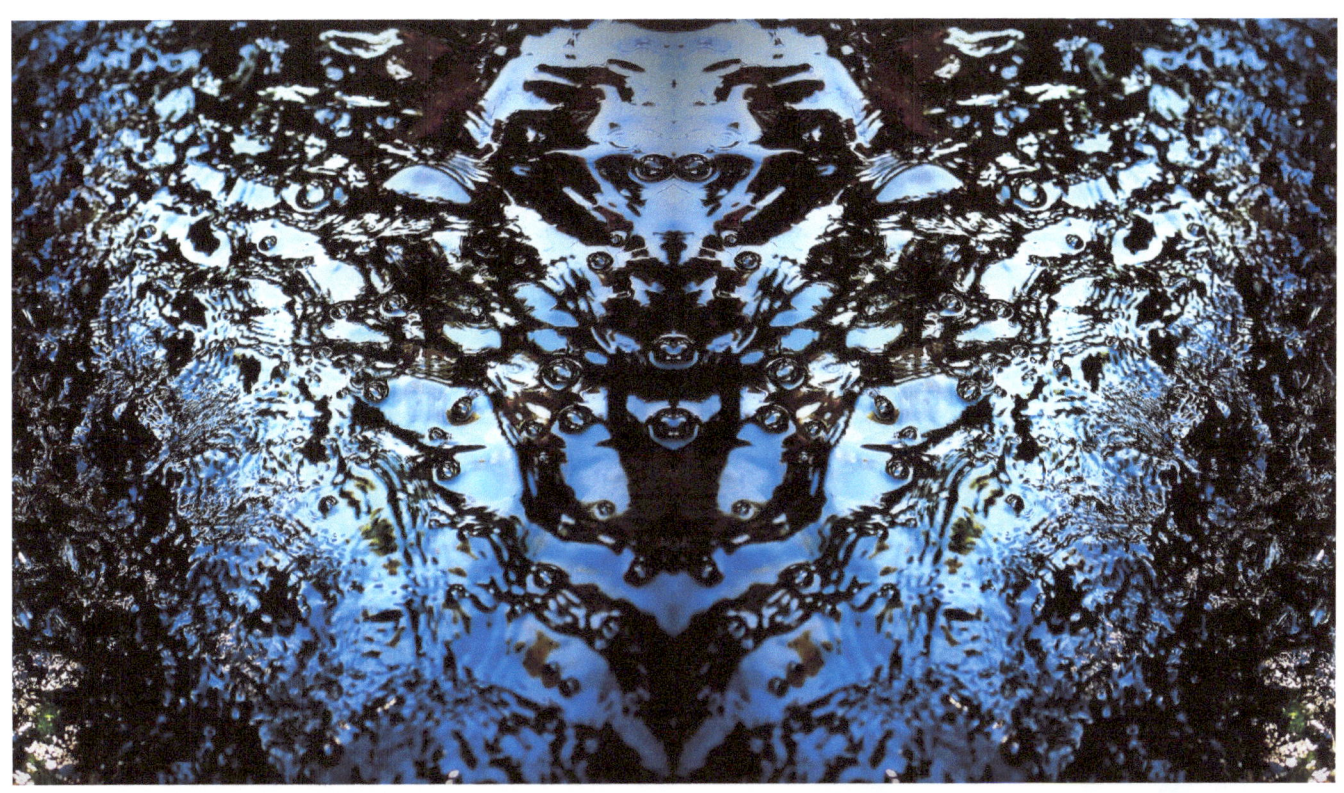

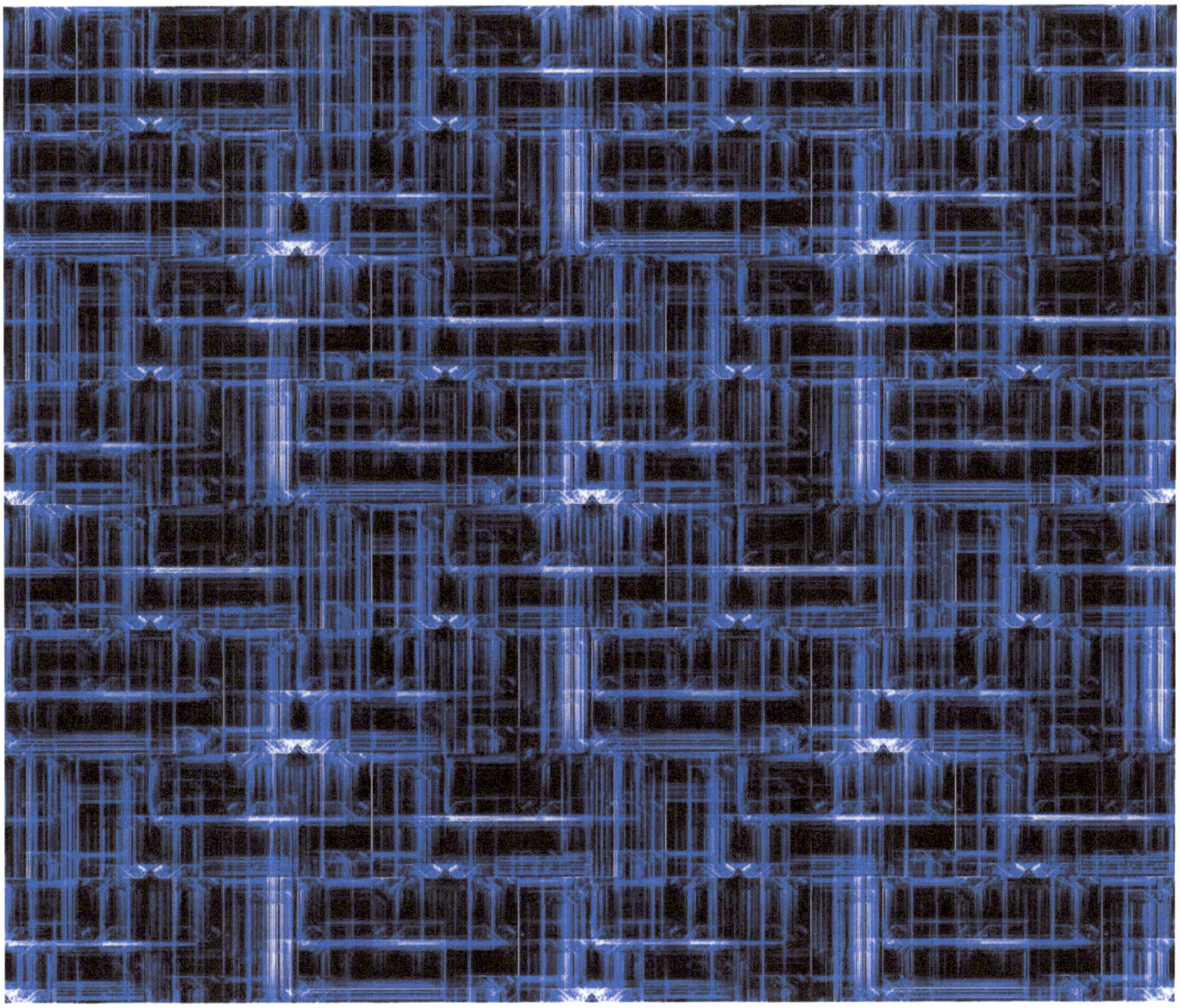

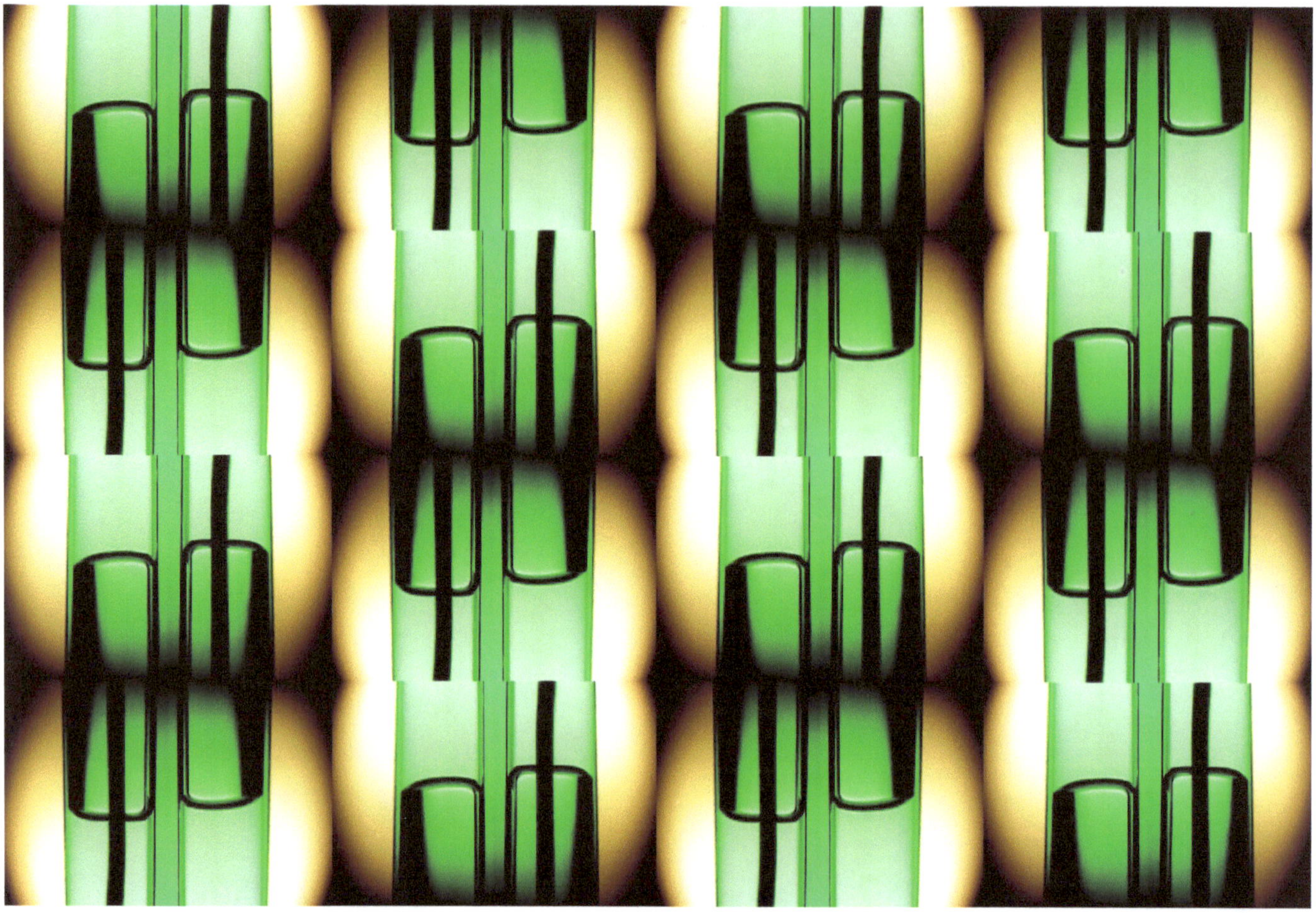

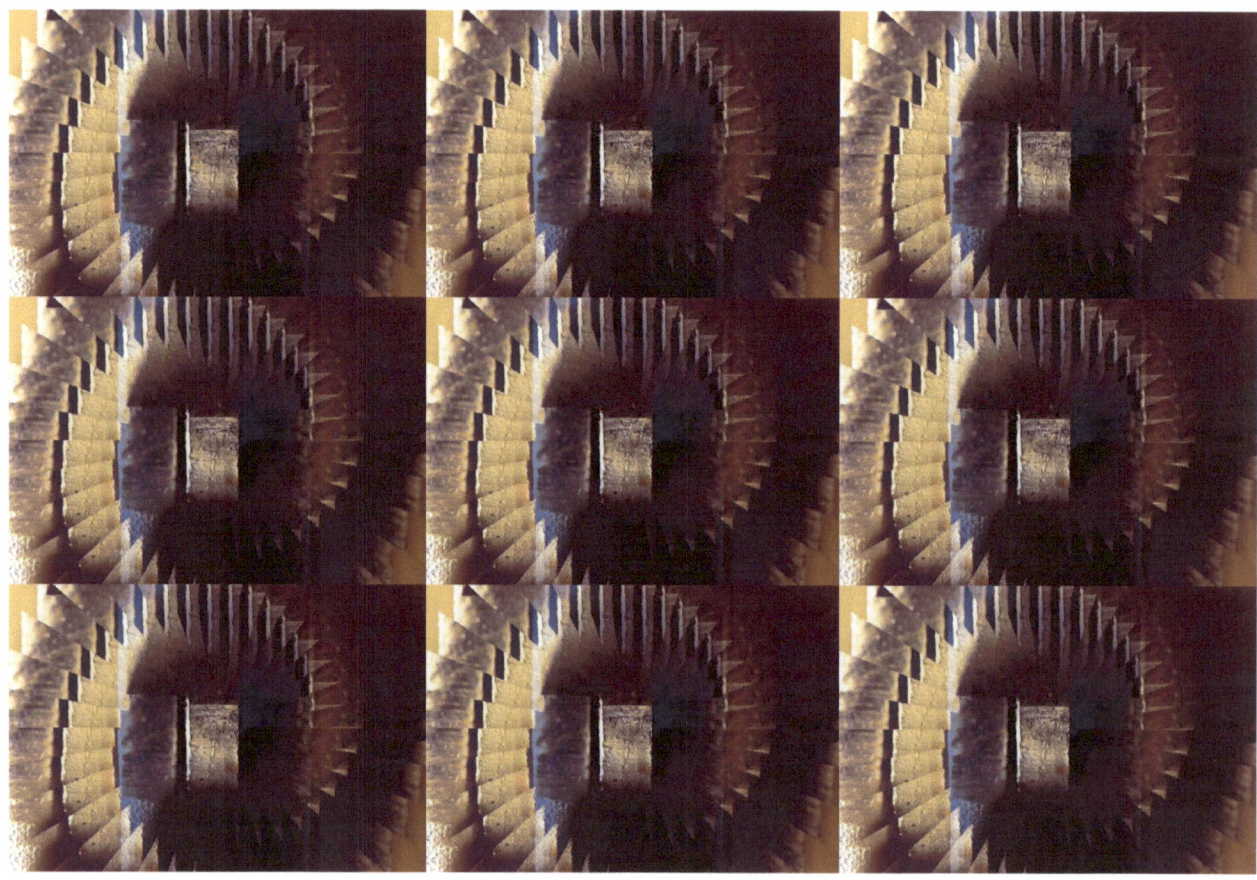

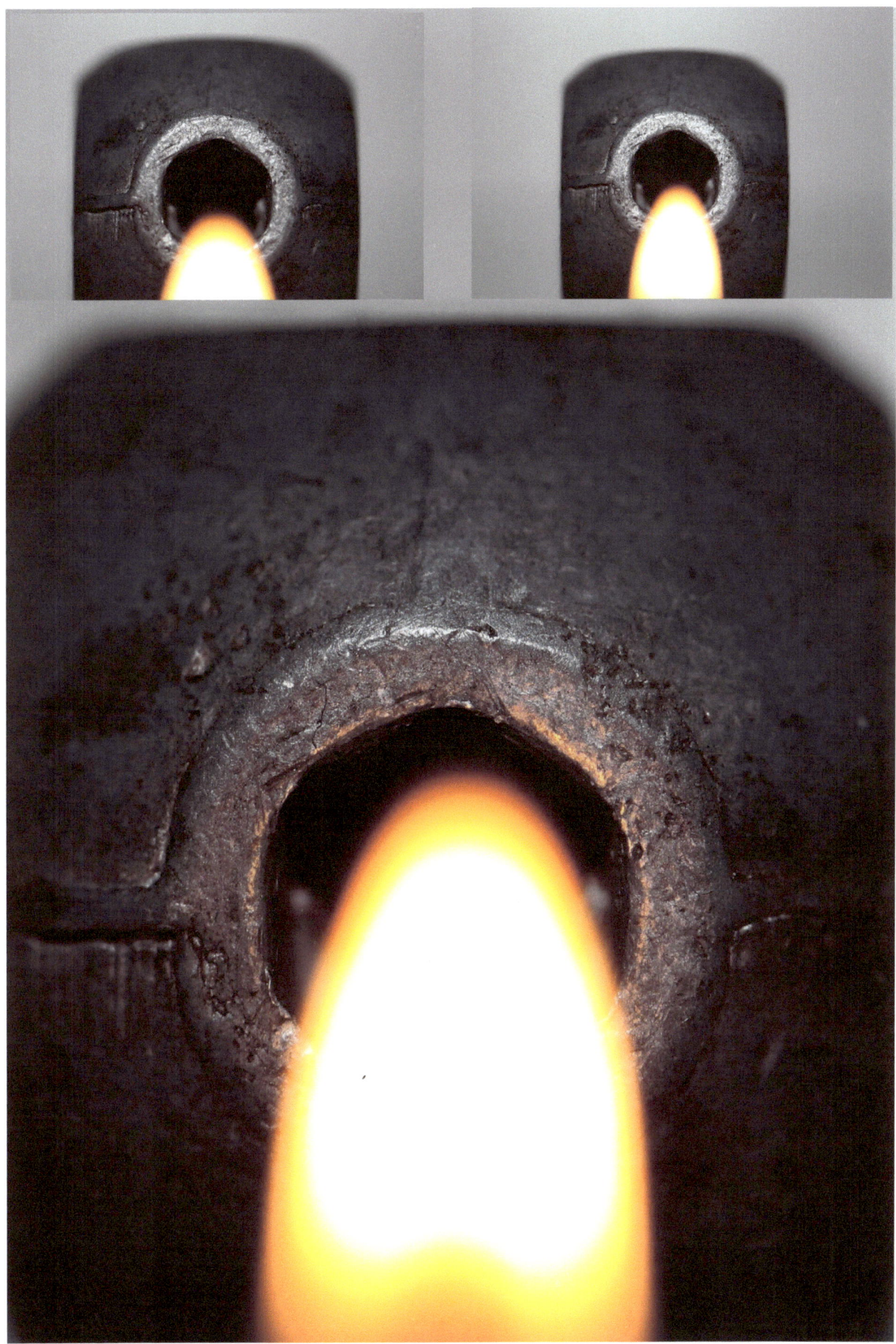

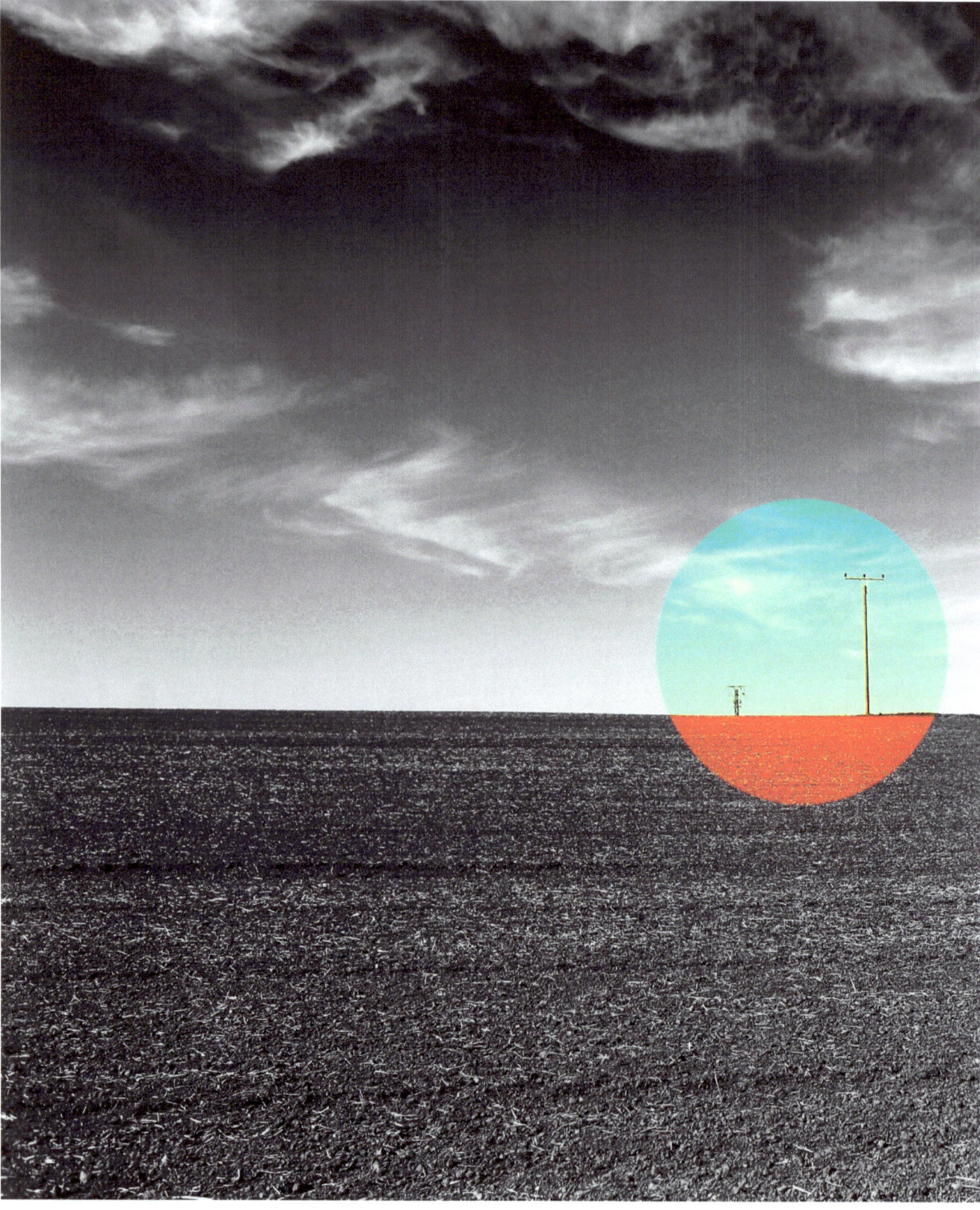

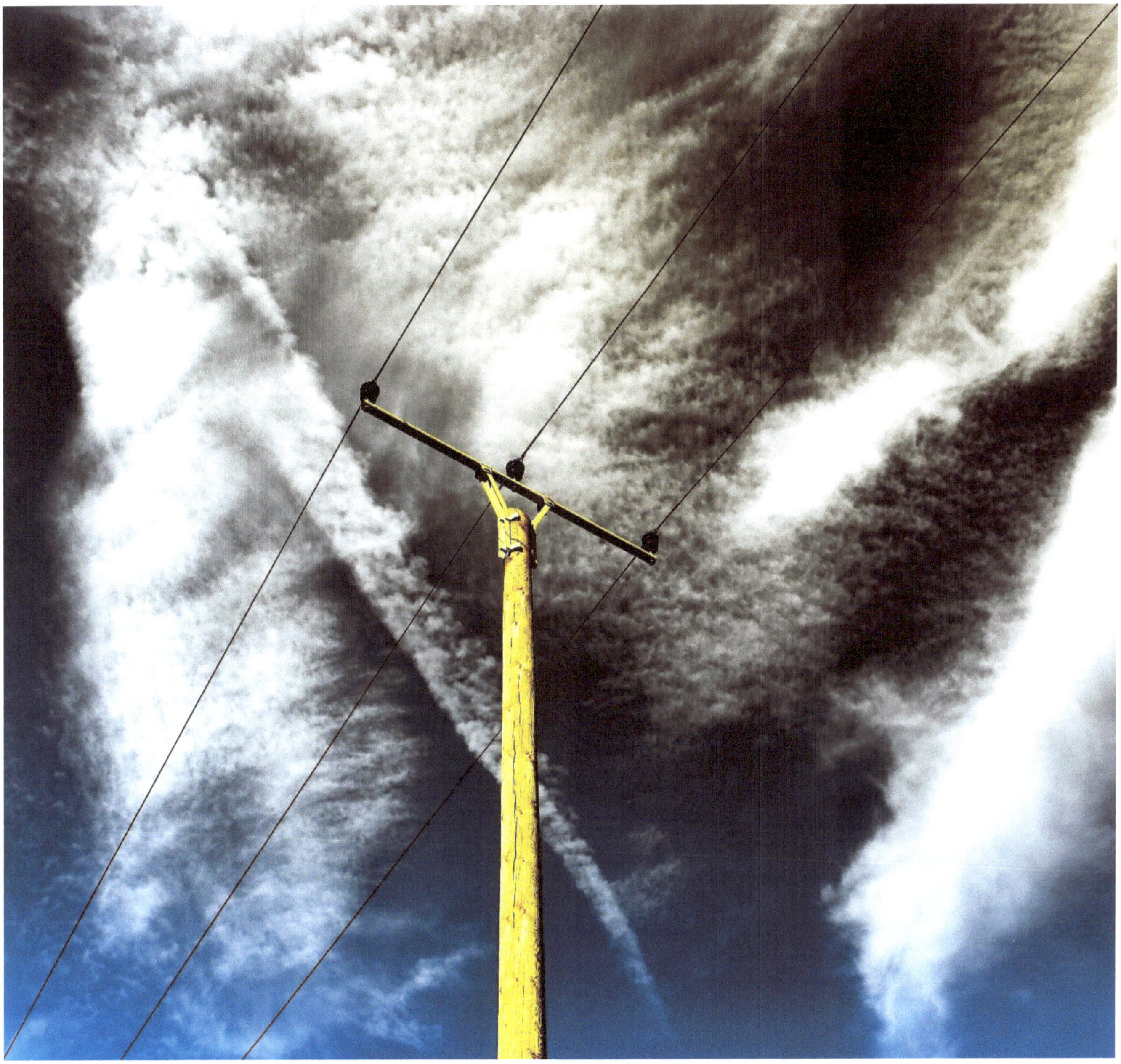

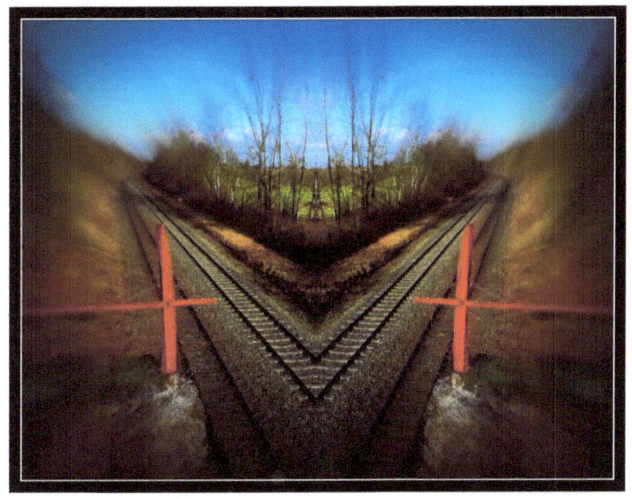

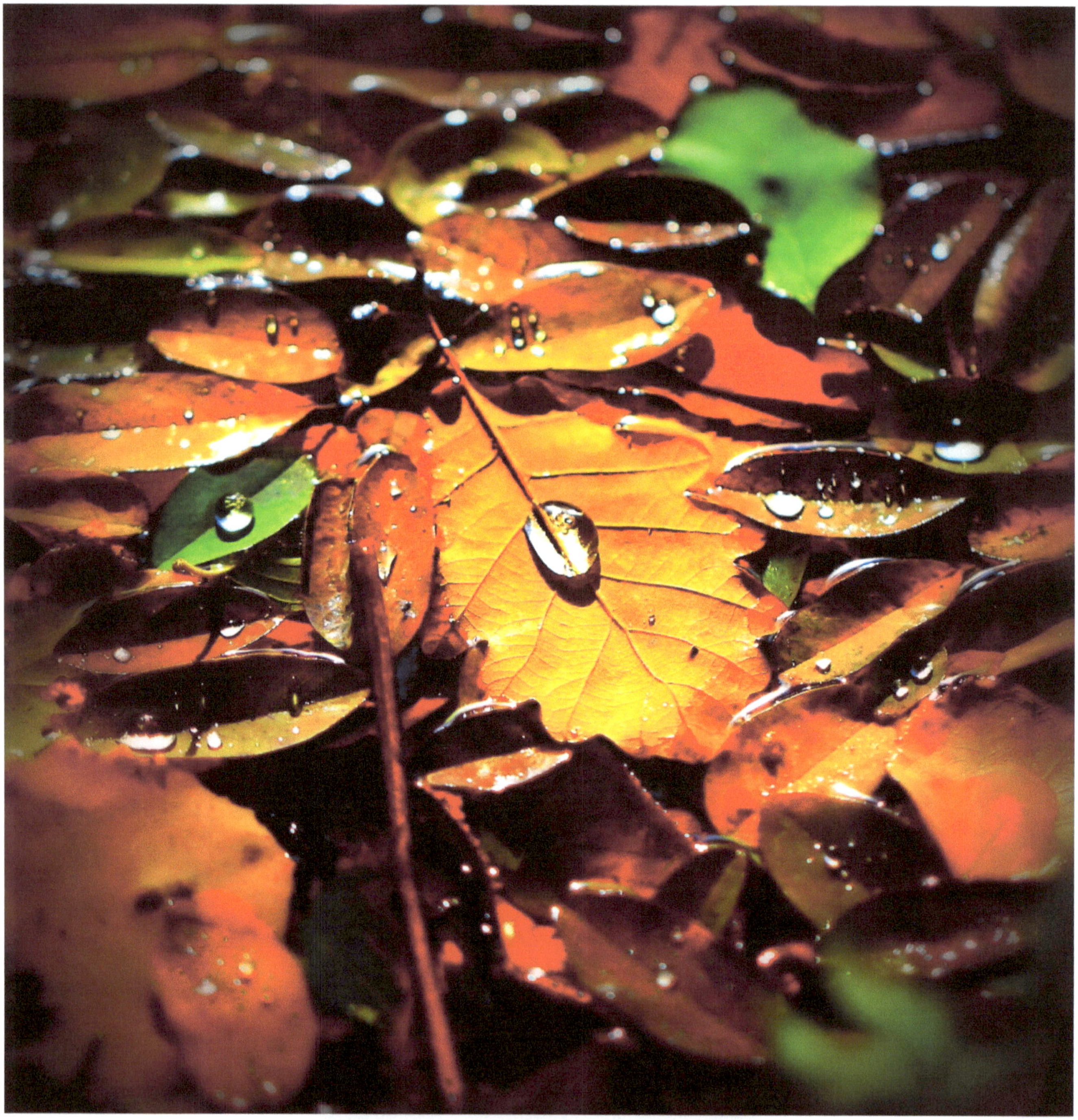

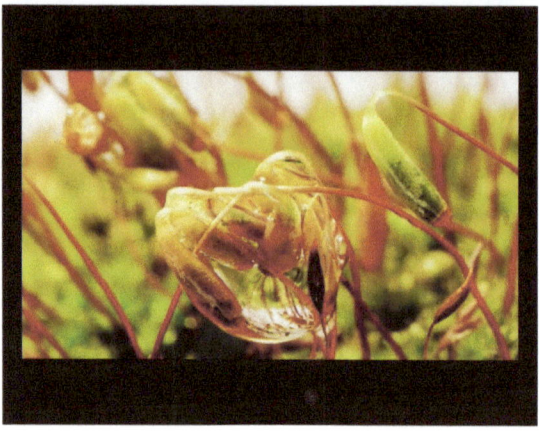

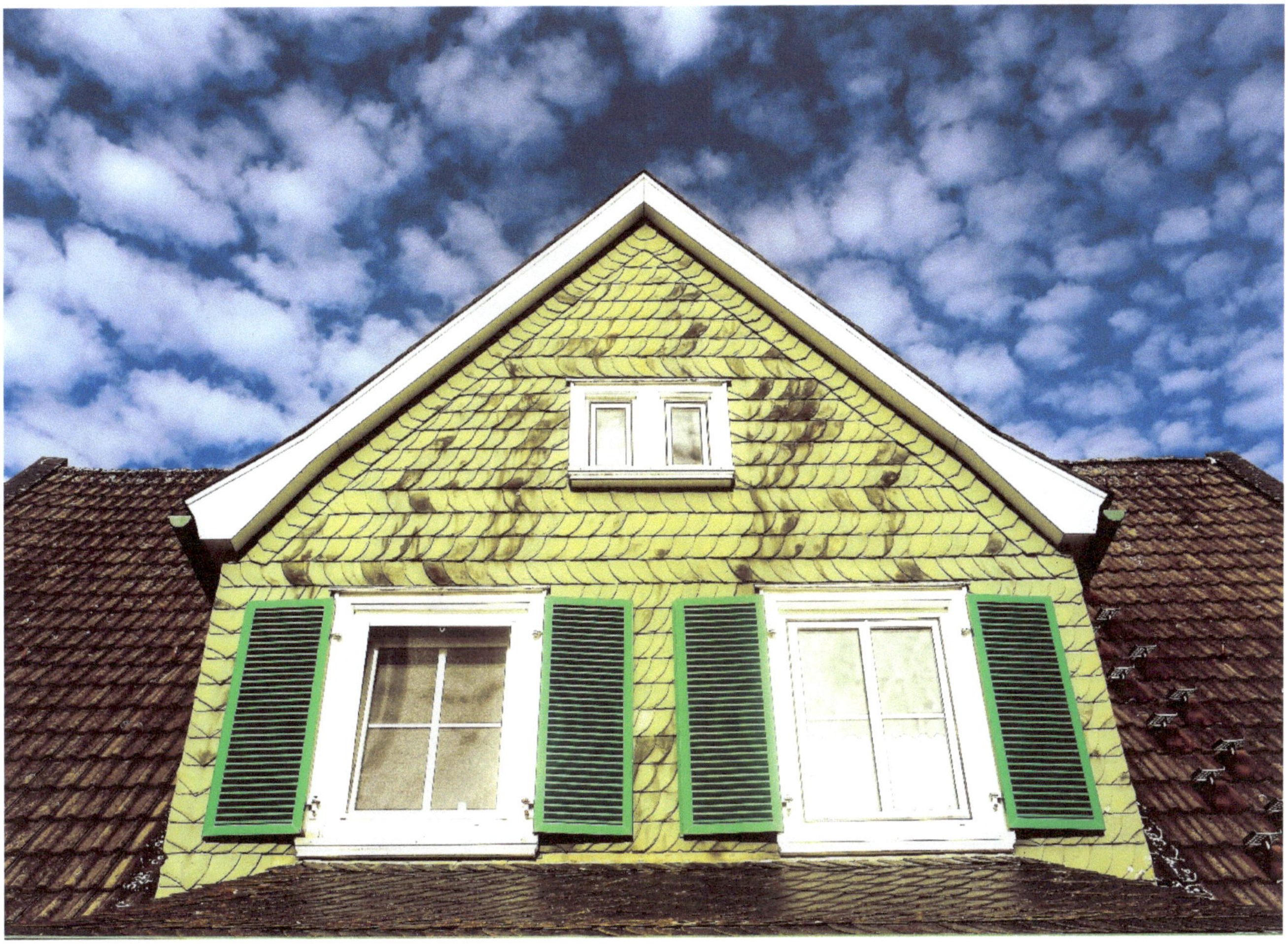

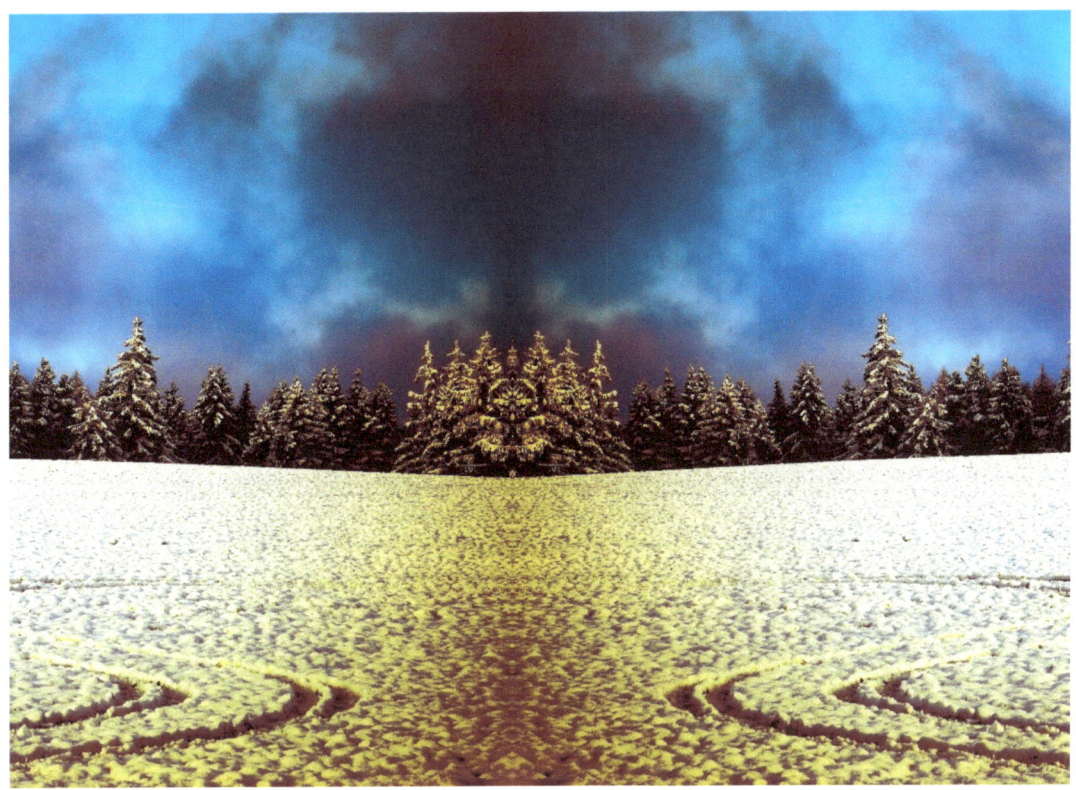

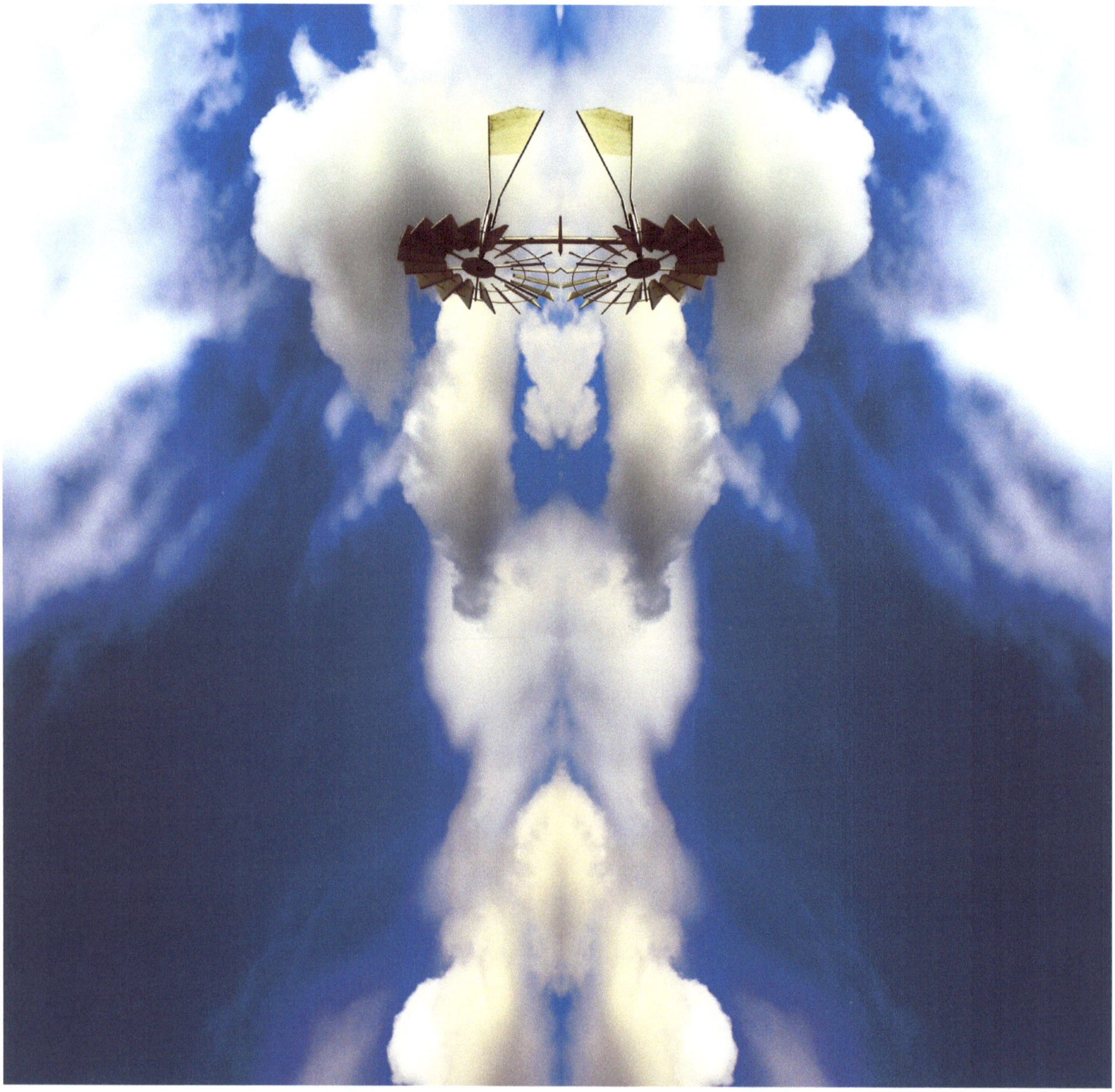

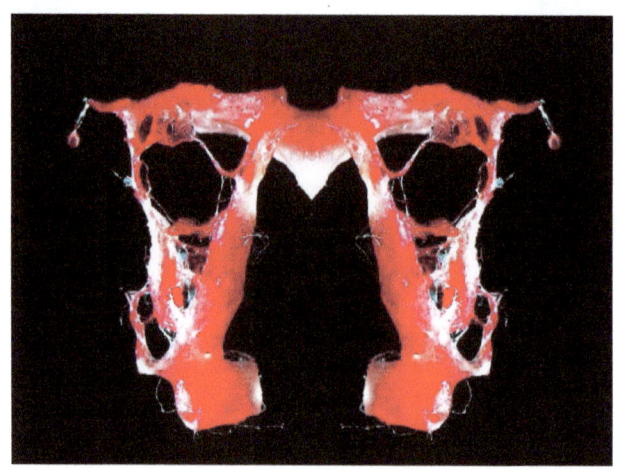

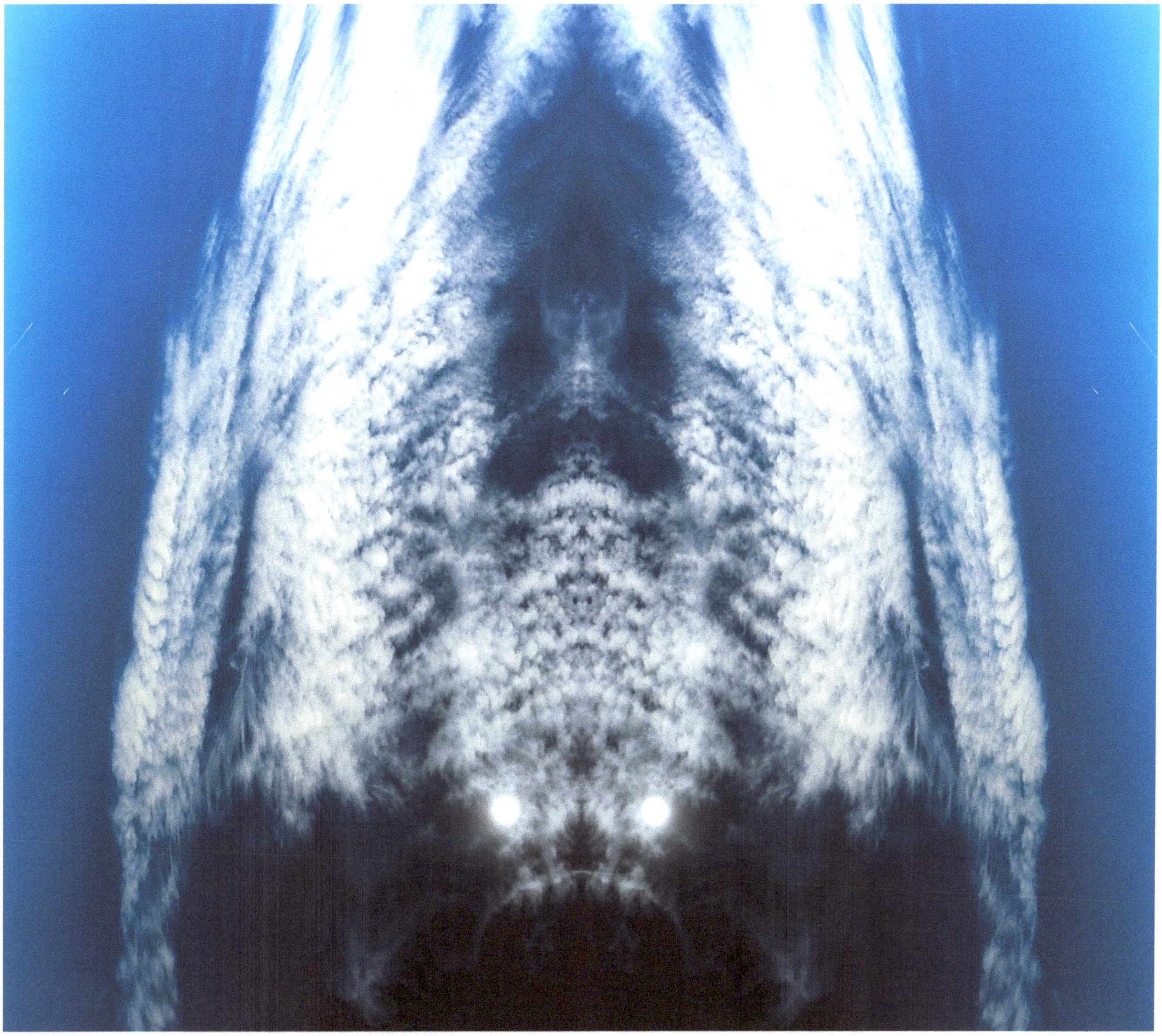

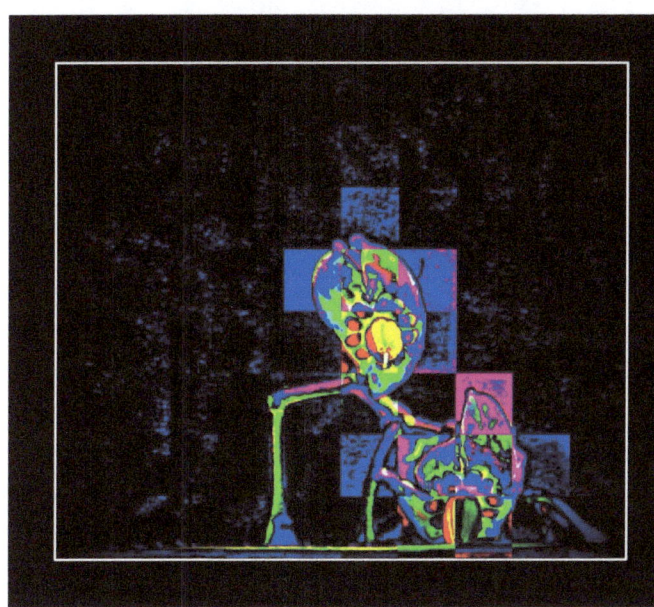
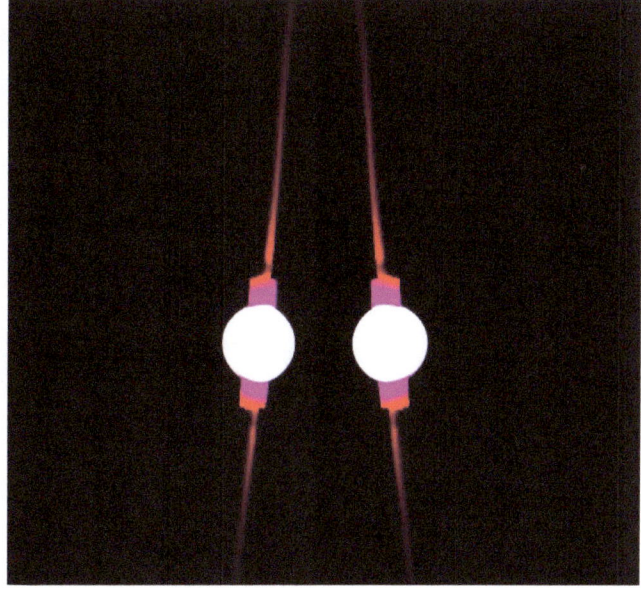

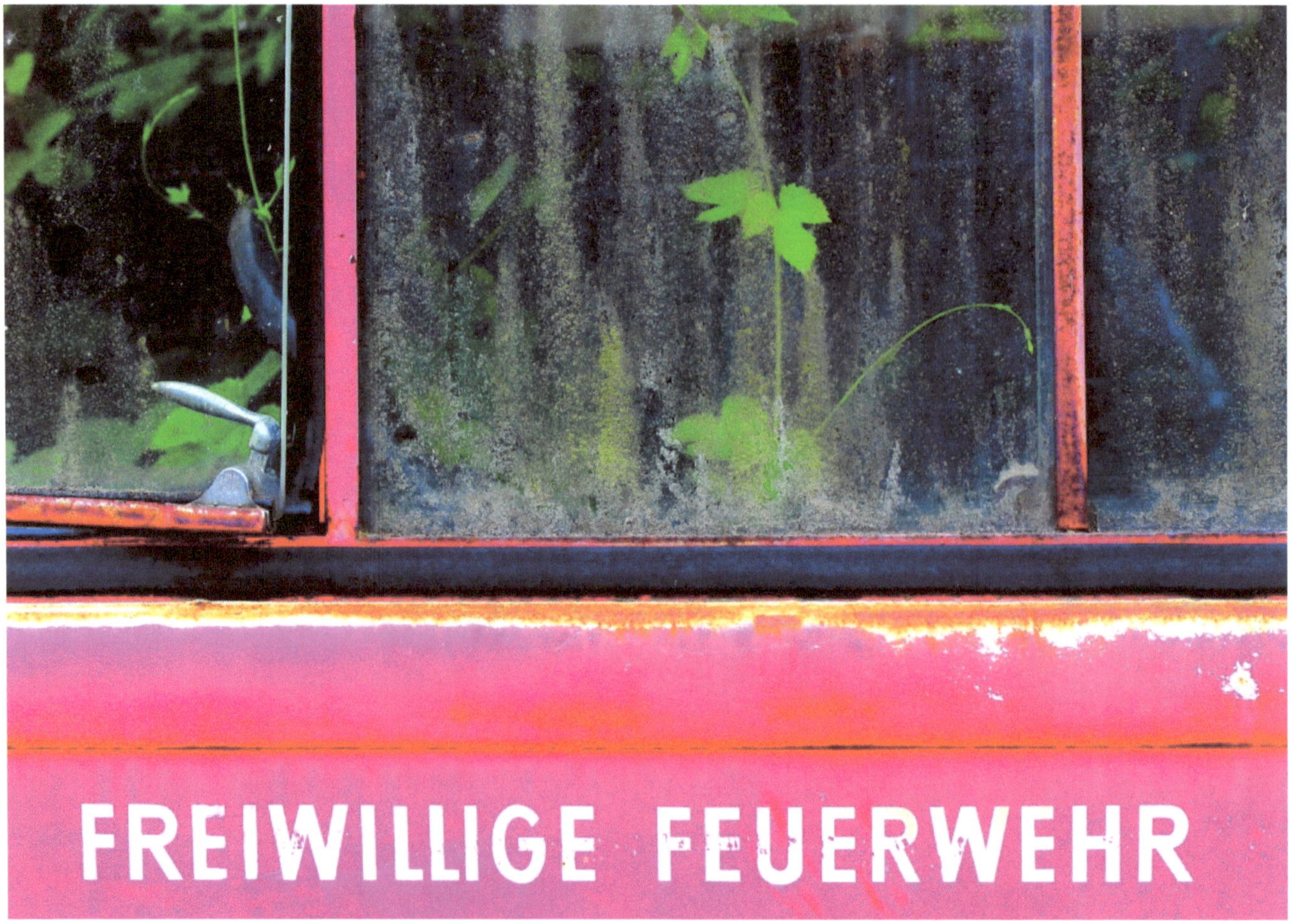

FREIWILLIGE FEUERWEHR

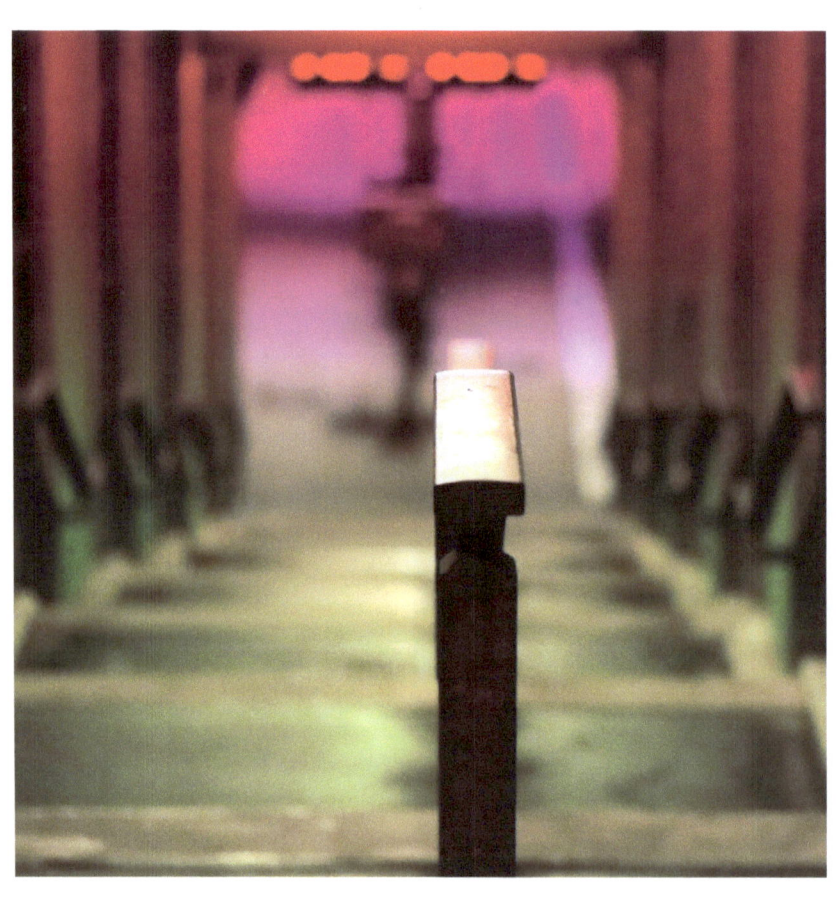

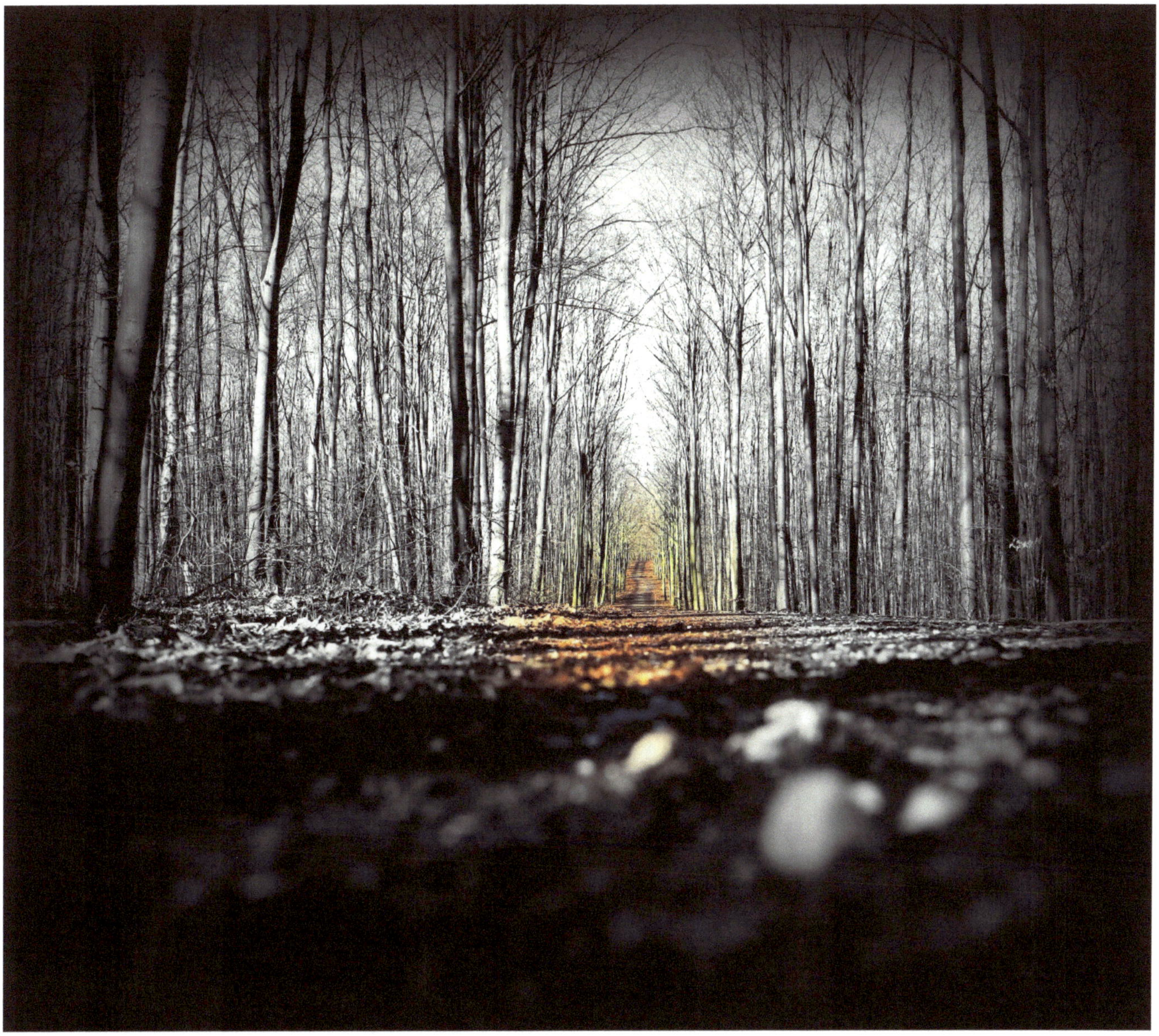

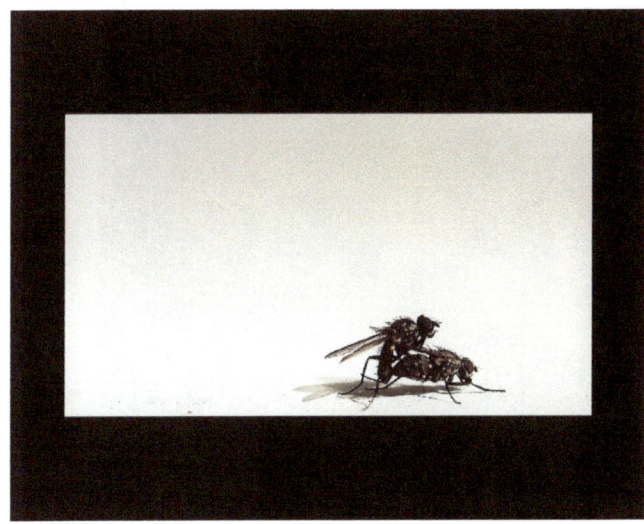

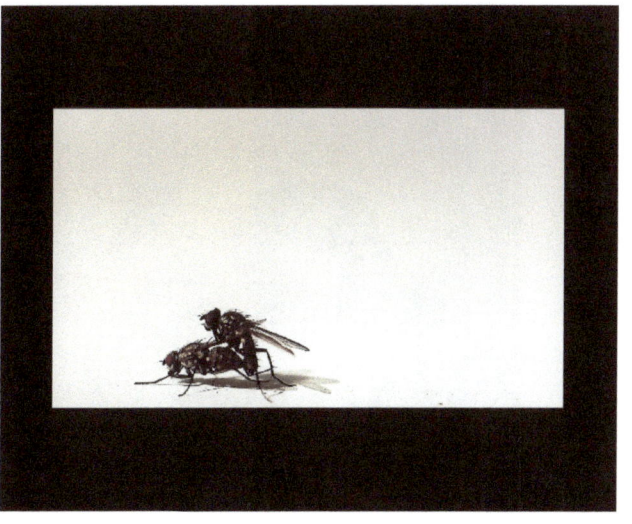

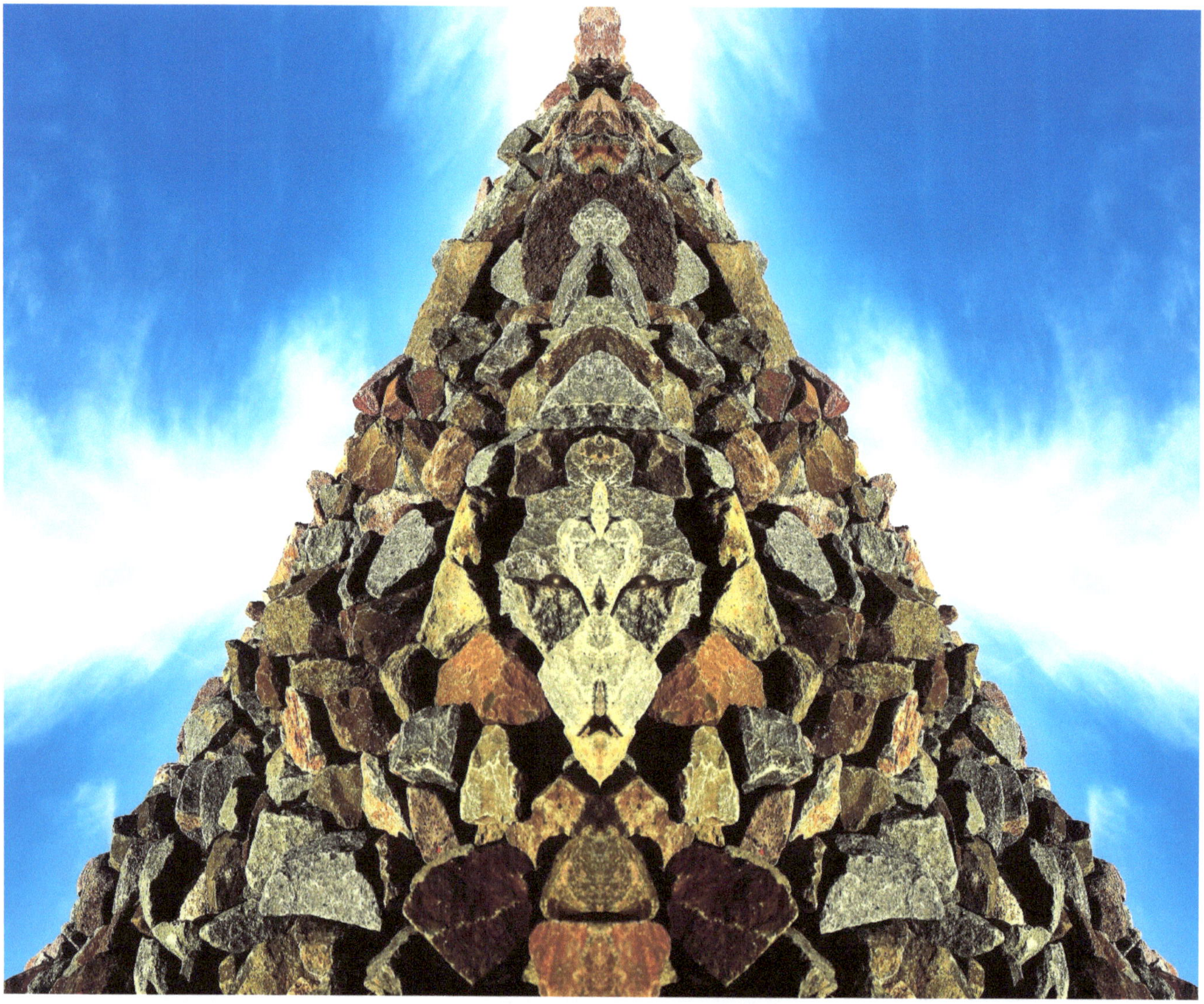

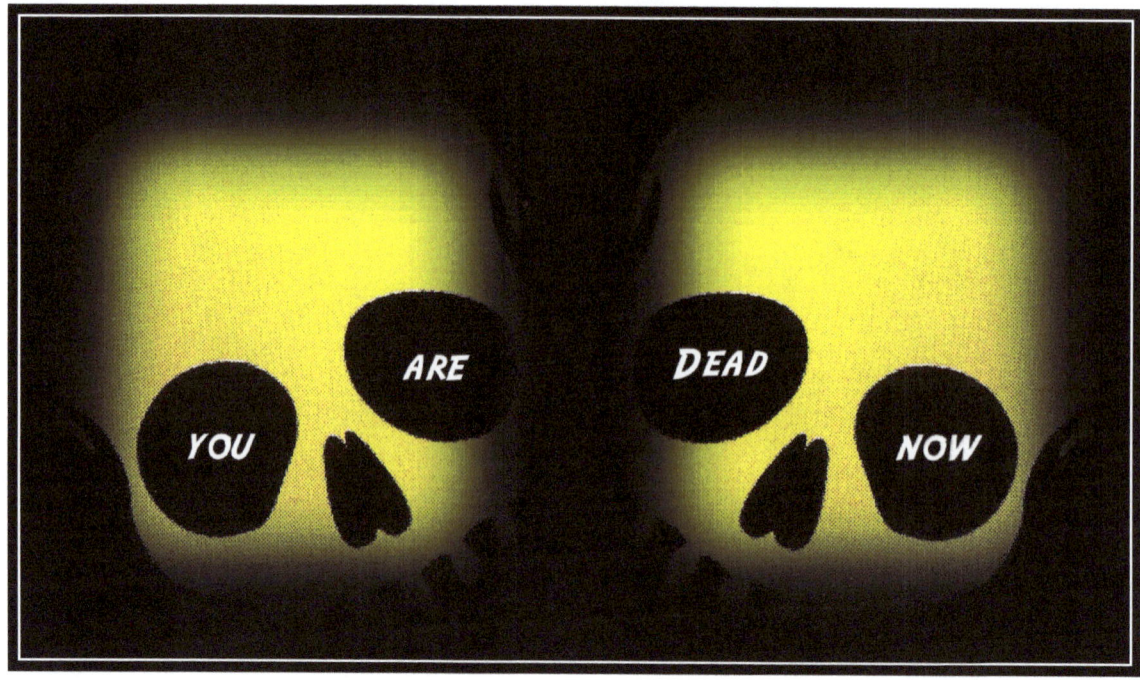

- ENDE -

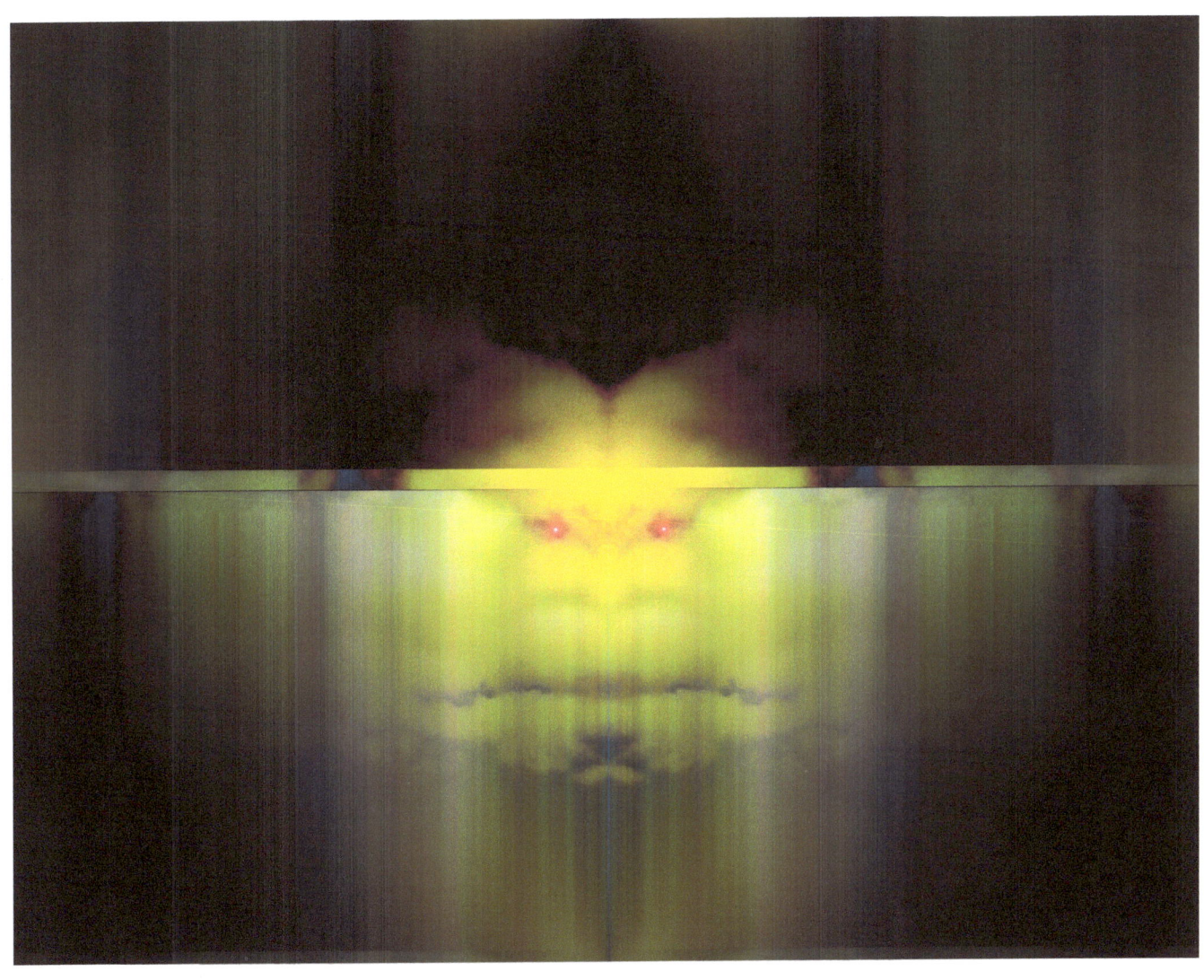

... oder nicht? ...